思想政治教育研究书系

SIXIANG ZHENGZHI JIAOYU
YANJIU SHUXI

新时代中国青年社会责任感培养研究

郑士鹏 著

中央编译出版社
Central Compilation & Translation Press

图书在版编目（CIP）数据

新时代中国青年社会责任感培养研究 / 郑士鹏著. —
北京：中央编译出版社，2021.7
 ISBN 978-7-5117-3938-4

Ⅰ. ①新… Ⅱ. ①郑… Ⅲ. ①青年-社会责任-责任感-研究-中国 Ⅳ. ①D432.62

中国版本图书馆 CIP 数据核字（2021）第 126087 号

新时代中国青年社会责任感培养研究

责任编辑	郑永杰
责任印制	刘　慧
出版发行	中央编译出版社
地　　址	北京西城区车公庄大街乙 5 号鸿儒大厦 B 座（100044）
电　　话	（010）52612345（总编室）　（010）52612336（编辑室）
	（010）52612316（发行）　　（010）52612369（网站）
传　　真	（010）66515838
经　　销	全国新华书店
印　　刷	北京紫瑞利印刷有限公司
开　　本	710 毫米×1000 毫米　1/16
字　　数	184 千字
印　　张	14.75
版　　次	2021 年 7 月第 1 版
印　　次	2021 年 7 月第 1 次印刷
定　　价	65.00 元

新浪微博：@中央编译出版社　　微　信：中央编译出版社（ID: cctphome）
淘宝店铺：中央编译出版社直销店（http://shop108367160.taobao.com）　（010）52612322

本社常年法律顾问：北京市吴栾赵阎律师事务所律师　闫军　梁勤
凡有印装质量问题，本社负责调换，电话：（010）52612322

前　言

党的十九大强调，青年一代有理想、有本领、有担当，国家就有前途，民族就有希望。青年是整个社会力量中最积极、最有生气的力量，在使命感的驱使下，凭借其创造力、想象力，成为国家、民族发展的主力，成为时代责任的担当者。新时代中国青年是最具有革新和创造精神的群体，是我国社会发展的未来力量，是中国梦实现的希望所在，也是最为宝贵的社会力量。新时代青年社会责任感的状态体现着一个民族整体素质的高低，反映着一个国家未来竞争实力的强弱，直接关系到中华民族的伟大复兴。青年的社会责任感从其本质上讲就是青年对其责任对象的自觉意识和体验，也是青年对自己在承担人类社会发展责任中的情况是否符合内心需要而产生的情感体验。新时代中国青年的社会责任感主要包括对自我和他人的责任感、对家庭和社会的责任感、对国家和民族的责任感以及对人类和世界的责任感等。

青年在我国近现代发展史上占据着重要的历史地位，青年运动追随了我国近现代历史发展的潮流，为国家和民族的救亡图存及伟大复兴做出了极大的贡献。无论是在新民主主义革命时期，还是社会主义革命和建设时期，以及改革开放初期，每个时期的青年都具有高度强烈的社会责任感，正是因为这种强烈的社会责任感，使我国的近现代史进程时刻具有前进发展的强大动力和顽强的生命力。

新时代中国青年社会责任感的主流是健康、积极、向上的。他们热爱党,热爱祖国,热爱社会主义,坚决拥护党的路线方针政策,对坚持走中国特色社会主义道路,实现全面建成小康社会充满信心,坚决支持以习近平同志为核心的党中央领导下进行的全面深化改革。同时,新时代中国青年参与社会活动的范围不断扩大,社会责任意识比较强烈,尤其是在国家面临重大事件时,青年总会积极响应党和国家的号召,积极履行一个青年应有的社会责任。但是受西方个人主义价值观不断渗透、社会转型的负面影响、市场经济的挑战、网络新媒体的消极影响以及青年自身主体性的弱化,部分青年对社会责任认知出现了一定程度的否认,社会责任情感陷入一定程度的被动,社会责任意识薄弱。新时代中国青年社会责任感的缺失对社会的健康和谐有序发展、全面建成小康社会的实现、中华传统美德和雷锋精神的弘扬、青年自身的社会化和全面发展极其不利。由此,着力提高新时代中国青年社会责任感,引导新时代中国青年自觉履行社会责任,进而迸发其对全面建成小康社会和中华民族伟大复兴的实现发挥正能量,将成为青年教育工作者和全社会高度关注的重大课题。

青年社会责任感培养是青年社会责任感形成和发展的重要保障,对加强和提升青年的素质教育起着重要的作用和意义。但新时代中国青年社会责任感培养的路径还存在一些需要加强和完善的地方,如:新时代中国青年社会责任感培养的观念淡薄,培养的内容不够系统性,培养的方法不够科学,培养的途径和载体较为单一,培养模式协调性不足等问题。在新时代,我们要根据青年社会责任感形成的过程和规律,在正确理论的指导下,确立科学的原则和评价,以积极的态度应对现实的挑战,提升培养的力度;以社会主义核心价值体系为引导,确立培养的价值坐标;优化新时代中国青年社会责任感培养的内容体系,以创新驱动为动力，丰富和完善培养的方法、途径和载体；以多方联动机制防控责任失范，构建五位一体的培养模式；以优化文化氛围为工作重点，营造和谐的培养环境；传承中华优秀传统文化的精髓与借鉴国外的有益经验和启示，从而全方位构建新时代中国青年社会责任感培养的路径，以切实提升新时代中国青年社会责任感培养的针对性和实效性。进而使新时代中国青年树立起高度强烈的社会责任感，实现德智体美劳全面发展，为实现中华民族伟大复兴提供正能量，真正担负起社会主义事业的建设者和接班人，成为新时代发展的推动者。

郑士鹏

2021 年 1 月

目 录

第一章 导 论 ……………………………………………………… 1
　第一节 问题的提出与研究意义 ………………………………… 1
　　一、问题的提出 ……………………………………………… 1
　　二、研究的理论意义 ………………………………………… 6
　　三、研究的现实意义 ………………………………………… 9
　第二节 国内外研究现状 ………………………………………… 12
　　一、国外对青年社会责任感培养的研究 …………………… 12
　　二、国内对青年社会责任感培养的研究 …………………… 16
　　三、研究的趋势 ……………………………………………… 21
　第三节 研究的思路与方法 ……………………………………… 24
　　一、研究的思路 ……………………………………………… 24
　　二、研究的方法 ……………………………………………… 25
　第四节 研究的创新与不足 ……………………………………… 26
　　一、研究的创新 ……………………………………………… 26
　　二、研究的不足 ……………………………………………… 28

第二章 新时代中国青年社会责任感培养的基本理论概述 ………… 29
　第一节 责任感：人类的共生性尺度与发展的基本保障 ………… 29

一、角色：社会责任感的逻辑起点 …………………………… 30
　　二、社会责任感的内涵和本质属性 …………………………… 31
　　三、社会责任感的主体和客体 ………………………………… 40
　　四、社会责任感的特点和功能 ………………………………… 42
　　五、社会责任感的培养 ………………………………………… 45
第三节　新时代中国青年的群体情况与特征 …………………… 47
　　一、新时代青年的含义 ………………………………………… 47
　　二、新时代中国青年的群体概况 ……………………………… 48
　　三、新时代中国青年的特征 …………………………………… 50
第四节　新时代中国青年社会责任感的界定与培养的内涵 …… 56
　　一、青年社会责任感的界定 …………………………………… 56
　　二、新时代中国青年社会责任感培养的内涵 ………………… 58
第五节　新时代中国青年社会责任感培养的理论依据 ………… 59
　　一、马克思关于人的本质和人的全面发展理论 ……………… 59
　　二、马克思主义经典作家关于青年与社会关系学说 ………… 61
　　三、马克思主义经典作家关于青年教育的思想 ……………… 64

第三章　新时代中国青年社会责任感的结构、形成过程与规律 …… 71
第一节　新时代中国青年社会责任感的结构 …………………… 71
　　一、对自我和他人的责任 ……………………………………… 72
　　二、对家庭和社会的责任 ……………………………………… 74
　　三、对国家和民族的责任 ……………………………………… 76
　　四、对人类和世界的责任 ……………………………………… 79
第二节　新时代中国青年社会责任感的形成过程 ……………… 82
　　一、社会客观因素影响制约过程 ……………………………… 82
　　二、主体内在思想矛盾转化过程 ……………………………… 84

三、主体自觉实践过程 86
第三节 新时代中国青年社会责任感的形成规律 87
一、知和行的统一 88
二、个体性和社会性的统一 89
三、自律和他律的统一 91

第四章 中国青年社会责任感的历史考察与新趋向 93
第一节 中国青年社会责任感的历史考察 93
一、新民主主义革命时期的青年社会责任感 95
二、社会主义革命和建设时期的青年社会责任感 ... 103
三、改革开放初期的青年社会责任感 105
第二节 新时代中国青年社会责任感的新趋向 108
一、社会责任认知的接受与否认 109
二、社会责任情感的自觉与被动 110
三、社会责任意志的坚定与薄弱 111
四、社会责任行为的承担与失落 113
第三节 新时代中国青年社会责任感缺失的原因分析 ... 114
一、西方个人主义价值观的渗透 115
二、价值多元化的影响 116
三、网络新媒体的消极影响 117
四、青年对社会责任感的认知及践行不足 119

第五章 新时代中国青年社会责任感培养的现实审视 121
第一节 新时代发展对青年社会责任感提出新要求 121
一、新时代中国青年要树立起远大的理想 122
二、新时代中国青年要拥有强烈的爱国情怀 122

三、新时代中国青年要勇敢担当时代责任 …………………… 123

四、新时代中国青年要执着奋斗与努力拼搏 ………………… 124

五、新时代中国青年要练就过硬本领 …………………………… 124

六、新时代中国青年要锤炼品德修养 …………………………… 125

第二节 新时代中国青年社会责任感培养的现实需要 ………… 126

一、促进新时代中国特色社会主义发展的客观要求 ………… 126

二、实现中华民族伟大复兴的动力要求 ……………………… 128

三、促进全面建成小康社会的应有之义 ……………………… 130

四、弘扬中华民族优良道德传统的必然要求 ………………… 132

五、加强新时代中国青年思想政治教育的迫切要求 ………… 133

六、激发新时代中国青年社会属性的内在要求 ……………… 135

第三节 新时代中国青年社会责任感培养存在的问题 ………… 138

一、青年社会责任感培养理念滞后 …………………………… 138

二、青年社会责任感培养内容不够系统 ……………………… 140

三、青年社会责任感培养方法不够科学 ……………………… 141

四、青年社会责任感培养途径和载体较为单一 ……………… 143

五、青年社会责任感培养模式协调性不足 …………………… 144

第六章 新时代中国青年社会责任感培养的原则、评价与路径 …… 147

第一节 新时代中国青年社会责任感培养的原则 ……………… 147

一、主导性原则 ………………………………………………… 148

二、主体性原则 ………………………………………………… 150

三、层次性原则 ………………………………………………… 152

四、渗透性原则 ………………………………………………… 153

五、顺应超越原则 ……………………………………………… 154

六、循序渐进原则 ……………………………………………… 156

第二节　新时代中国青年社会责任感培养的评价 …………… 157
一、新时代中国青年社会责任感培养评价的要求 ………… 158
二、青年社会责任感培养评价的特点 ……………………… 160
三、青年社会责任感培养评价的标准 ……………………… 163
四、青年社会责任感培养评价的方法 ……………………… 165
五、青年社会责任感培养评价的机制 ……………………… 168

第三节　新时代中国青年社会责任感培养的主要路径 …… 171
一、坚持以习近平新时代中国特色社会主义思想为指导 … 172
二、提升青年社会责任感培养的重视程度 ………………… 173
三、坚持社会主义核心价值体系的引导 …………………… 176
四、优化青年社会责任感培养的内容体系 ………………… 179
五、创新青年社会责任感培养的方法、途径和载体 ……… 194
六、构建五位一体的青年社会责任感培养模式 …………… 197
七、营造青年社会责任感培养的社会风尚 ………………… 205
八、传承中华优秀文化与借鉴国外有益经验 ……………… 208

结论　实现"中国梦"——青年的时代担当 …………………… 212

参考文献 ……………………………………………………………… 219

第一章 导 论

本章主要是研究的总体概述,包括新时代中国青年社会责任感培养提出的现实背景,研究的理论和现实意义,国内外研究现状及研究趋势,研究的思路、方法及研究的创新和存在的不足等,为本书开展深入研究奠定理论基础。

第一节 问题的提出与研究意义

新时代中国青年社会责任感培养的提出有其相应的国际环境和国内环境,同时,新时代中国青年自身的特性和其社会责任感的历史地位和作用是提出的内在依据。加强新时代中国青年社会责任感培养对青年自身和国家、民族、人类社会都具有重大理论和现实意义。

一、问题的提出

责任,一个无处不在无时不有的话题,一个跨世纪的话题,一个全人类的话题,一个面向未来的话题。责任是人的本质、人的灵魂。责任已为世界所关注，与我们每一个人的生活息息相关，像空气和水一样须臾不可或缺。2001年12月，非政府组织"人类进步基金会"在法国里尔市主办第一届世界公民大会，提出"争取一个多元、尽责、协力的世界"，并通过了《人类责任宪章》。与会者除来自五大洲80多个国家的第三部门活动参与者外，还包括各国政府公务员、工、农、商等各界人士及学者，中国青少年发展基金会等第三部门组织人员及各界人士40多人参与。《人类责任宪章》的起草者把它作为一个用以补充《人权宣言》和《联合国宪章》的支撑国际生活框架并作为各社会和各专业群体普遍接受的第三个伦理支柱。《人类责任宪章》的主旨是把责任作为一个普世伦理，来规范和约束人的活动，使世界公民为了人类的未来和平共处、和谐共生、协作共存。共同开发人类美好的未来，其基本精神与天下精神是一致和统一的。这说明责任问题已引起全球性关注，对中国来说，在新世纪面临着更加复杂的问题和形势，应该把责任放到更加突出的地位来对待。

当前，从世界范围来看，整个世界进入大发展大变革大调整时期，国际形势变幻莫测，总体格局深度重塑，世界全球化进程加速发展。在这样一个大背景下，我国改革开放和社会转型的步伐不断加快，中国发生了天翻地覆的变化。经过长期努力，中国特色社会主义进入新时代，在我国综合国力不断提升、人民生活水平不断提高、人民精神文化生活日益丰富的同时，国内各种文化思潮相互激荡，中华民族优良道德传统所强调的对社会、民族、国家的责任意识和奉献精神面临着严峻的挑战，现实生活中的责任缺失现象不断显现。如不断发生的食品安全问题，领导干部的官德缺失问题，人类对自然界的过度开发的各种报道，社会上发生的老人倒地无人扶反而被人们"围观至死"或者上演现实版"农夫与蛇"的故事、公交车上面对歹徒行凶乘客袖手旁观等现象，无不在拷问着每一个中国人的道德与责任意识。当前面临的社会转型是历史发展的结果，解决新时代中国面临的各种问题，要靠我们每一个人努力。在新时代中国特色社会主义的进程中，谁都没有理由当看客，只分取"红利"，而不承担相应的代价或阵痛。中国社会转型的健康有序发展呼唤社会责任感，人与人、人与集体、人与社会的正常交往呼唤社会责任感，人与自然的可持续发展呼唤社会责任感。培养和强化人的责任感已成为社会进步发展的必然要求。

新时代中国青年主要是指20世纪80年代后和90年代后出生的青年，这一青年群体是在改革开放条件下成长起来的，是最具有革新和创造精神的群体，是我国社会发展的未来力量，是中华民族复兴的希望所在，是最为宝贵的社会力量。早在1900年，梁启超便写下激扬一代中国人的巨作《少年中国说》："少年强则国强，少年富则国富。"一百多年来，青年对国家的发展、民族的进步、制度的变革都起着至关重要的作用。新时代中国青年肩负着建设中国特色社会主义的历史重任，肩负着巩固老一辈牺牲奋斗取得成果的艰巨使命。青年社会责任感的状态更体现着一个民族未来整体素质的高低，反映着一个国家未来竞争实力的强弱，直接关系到整个民族及国家未来发展的走势。但是，伴随着我国改革的不断加深和社会转型的进展，我国正处于发展关键期、改革攻坚期，深层次矛盾凸显、新问题大量涌现，社会生活更加复杂。与此相关联，新时代中国青年的思想观念也发生了深刻的变化，社会变革的影响像一把双刃剑，深刻影响着青年的思想和行为。在部分青年中出现了一种矛盾心态，对我国未来发展的趋势心存狐疑、首鼠两端，有时感到信心十足、前途一片光明，有时觉得没把握、未来一片灰暗。在行为选择上无所适从、进退失常，有时心态阳光、积极进取，有时得过且过、敷衍塞责。一方面，对国家快速发展和生活不断改善感到振奋、满意，其思想观念、思维方式、价值取向、道德标准等发生了显著的变化；另一方面，对社会上的许多现象和问题感到困惑、纠结，使一些人陷入极端的个人主义,心灵底片上出现了矛盾,社会责任严重缺失。从整体角度看,新时代中国青年的主流思想是积极、健康的,社会责任感较强,但部分新时代中国青年社会责任感表现出淡化的倾向,重个人利益轻社会利益,重功利轻道义,重物质需求的满足轻精神需求的获得,重索取轻奉献等严重偏向。所以,作为国家未来建设的"中流砥柱",新时代中国青年要树立强烈的社会责任感,以担负起推进新时代中国特色社会主义发展进程,实现国家富强和民族振兴的重任。

2014年10月,《中共中央、国务院关于进一步加强和改进大学生思想政治教育的意见》指出:"加强和改进大学生思想政治教育,要以理想信念教育为核心,深入进行树立正确的世界观、人生观和价值观教育,使大学生正确认识社会发展规律,认识国家的前途命运,认识自己的社会责任。"2010年7月颁布的《国家中长期教育改革与发展纲要(2010—2020)》在论述坚持以人为本、全面实施素质教育的战略主题时指出,其核心是解决好培养什么人、怎样培养人的重大问题,重点是面向全体学生、促进学生全面发展,有效地提升青年学生自愿服务于国家和社会的责任意识、勇于创造和钻研的求索精神和善于解决问题的实践能力。由此,着力提高学生服务国家服务人民的社会责任感已列入教育发展重要战略。党的十八大报告提出"全面提高公民道德素质。这是社会主义道德建设的基本任务。要坚持依法治国和以德治国相结合,加强社会公德、职业道德、家庭美德、个人品德教育,弘扬中华传统美德,弘扬时代新风。推进公民道德建设工程,弘扬真善美、贬斥假恶丑,引导人们自觉履行法定义务、社会责任、家庭责任,营造劳动光荣、创造伟大的社会氛围,培育知荣辱、讲正气、做奉献、促和谐的良好风尚。"① 公民的社会责任感与民族的兴亡和国家的发展息息相关,新时代

---

① 胡锦涛:《坚定不移沿着中国特色社会主义道路前进 为全面建成小康社会而奋斗——在中国共产党第十八次全国代表大会上的报告》,载《光明日报》,2012年11月18日,第1版。

中国青年作为中华民族复兴的希望和我国建设事业的接班人，其责任感尤其重要。在中国现代化建设进程中，新时代中国青年社会责任感培养理应得到党和国家及社会的高度重视。党的十八大报告进一步提出："中国特色社会主义事业是面向未来的事业，需要一代又一代有志青年接续奋斗。全党都要关注青年、关心青年、关爱青年，倾听青年心声，鼓励青年成长，支持青年创业。广大青年要积极响应党的号召，树立正确的世界观、人生观、价值观，永远热爱我们伟大的祖国，永远热爱我们伟大的人民，永远热爱我们伟大的中华民族，在投身中国特色社会主义伟大事业中，让青春焕发出绚丽的光彩。"① 习近平在 2013 年五四青年节讲话中指出："各级党委和政府要充分信任青年、热情关心青年、严格要求青年，为青年驰骋思想打开更浩瀚的天空，为青年实践创新搭建更广阔的舞台，为青年塑造人生提供更丰富的机会，为青年建功立业创造更有利的条件。各级领导干部要关注青年愿望、帮助青年发展、支持青年创业，做青年朋友的知心人，做青年工作的热心人。"②

党的十九大做出中国特色社会主义进入新时代的重大判断，并提出："青年兴则国家兴，青年强则国家强。青年一代有理想、有本领、有担当，国家就有前途，民族就有希望。中国梦是历史的、现实的，也是未来的；是我们这一代的，更是青年一代的。中华民族伟大复兴的中国梦终将在一代代青年的接力奋斗中变为现实。全党要关心和爱护青年，为他们实现人生出彩搭建舞台。广大青年要坚定理想信念，志存高远，脚踏实地，勇做时代的弄潮儿，在实现中国梦的生动实践中放飞青春梦想，在为人民利益的不懈奋斗中书写人生华章！"这指明了新时代

---

① 胡锦涛：《坚定不移沿着中国特色社会主义道路前进 为全面建成小康社会而奋斗——在中国共产党第十八次全国代表大会上的报告》，载《光明日报》，2012 年 11 月 18 日，第 1 版。
② 习近平：《在同各界优秀青年代表座谈时的讲话》，载《光明日报》，2013 年 5 月 5 日，第 2 版。

"为什么要培养青年、培养什么样的青年、怎样培养青年"的重大问题。习近平总书记在纪念五四运动100周年大会上的讲话中指出:"新时代中国青年运动的主题,新时代中国青年运动的方向,新时代中国青年的使命,就是坚持中国共产党领导,同人民一道,为实现'两个一百年'奋斗目标、实现中华民族伟大复兴的中国梦而奋斗。"并强调:"青年是整个社会力量中最积极、最有生气的力量,国家的希望在青年,民族的未来在青年。今天,新时代中国青年处在中华民族发展的最好时期,既面临着难得的建功立业的人生际遇,也面临着"天将降大任于斯人"的时代使命。新时代中国青年要继续发扬五四精神,以实现中华民族伟大复兴为己任,不辜负党的期望、人民期待、民族重托,不辜负我们这个伟大时代。"这意味着当前党和国家及社会高度重视青年的教育,并提高到关乎新时代中国特色社会主义事业的高度上来。

新时代中国特色社会主义继续发展是大势所趋,是任何力量也阻挡不了的,我们要敢于正视社会转型和变革中的矛盾,积极解决困难和问题。着力提高新时代中国青年服务国家、服务人民的社会责任感已经成为未来十年我国教育改革与发展的关键点之一。因此,强化新时代中国青年的社会责任认知,增进新时代中国青年的社会责任认同,培养新时代中国青年社会责任感,引导新时代中国青年自觉履行社会责任,使其成为德智体美劳全面发展的时代新人,进而迸发新时代中国青年对中华民族伟大复兴的强大力量和作用,推动中华民族和人类世界的发展,是青年教育工作的重大任务,也是新时代中国青年社会责任感培养的最终目的。

二、研究的理论意义

对新时代中国青年社会责任感的培养进行深入研究,有助于丰富青年学研究的内容，完善新时代青年社会责任培养的理论体系，同时有助于深化社会主义核心价值体系和社会主义核心价值观研究，并对拓展对习近平新时代中国特色社会主义思想的研究，具有一定的理论意义。

（一）有助于丰富青年学研究的内容

青年学是一个系统复杂的研究方向，研究的领域和涉及的学科非常广泛。涉及青年的理想信念教育、道德教育、价值观教育等等。新时代为青年的发展提供了极大的发展机遇，对青年的社会责任感也提出了更高的要求，也为研究新时代中国青年提出了诸多新问题。本书从新时代中国青年社会责任感培养角度出发，论述新时代中国青年社会责任感的时代背景和形成过程及规律，考察我国青年社会责任感的历史特点，调查分析新时代中国青年社会责任感的新趋向，提出了新时代中国青年社会责任感培养的原则、评价和具体路径。这不但为新时代中国青年思想政治教育提供了具体有效的理论支持，推进了青年思想政治教育的理论创新，而且从社会责任感培养的角度深化了青年学的理论研究，拓宽了青年学的研究领域，从而有助于丰富和完善青年学理论的研究。

（二）有助于完善新时代青年社会责任培养的理论体系

青年作为社会建设的先进群体，其教育和培养问题一直以来是各国研究者关注的重点领域。近些年来，随着青年在社会建设各领域发挥出更加关键的作用，青年社会责任感培养也越来越得到国内外学者的重视，相关研究热度不断提升，研究成果也越来越丰富，形成了大量的值得学习和借鉴的优秀成果。随着我国社会的不断转型，加之新时代的迅速到来，新时代青年的社会责任感随着时代的发展出现了新问题和新情况，其教育理论需要根据实际情况不断丰富和完善。本书通过归纳整理和逻辑推进，深入挖掘新时代中国青年社会责任感形成的过程和规律及新趋势，充实了青年培养的理论内容，将青年培养的理论视角进一步细化到了社会责任感培养的具体方向，在一定程度上丰富和完善新时代中国青年社会责任教育的理论体系。

（三）有助于深化社会主义核心价值体系和社会主义核心价值观研究

社会主义核心价值体系是兴国之魂，也是新时代中国青年社会责任感培养的重要引领，在新时代中国青年社会责任感培养过程中，社会主义核心价值体系决定着新时代中国青年社会责任感培养的基本立场、根本目标、培养方向。本书力图在新时代中国青年社会责任感培养的全程中融入社会主义核心价值体系，将社会主义核心价值体系作为新时代中国青年社会责任感培养的价值引领，在新时代中国青年社会责任感培养过程中进一步推进社会主义核心价值体系建设，从而有利于深化社会主义核心价值体系研究。此外，新时代中国青年社会责任感培养还要坚持社会主义核心价值观的引导，确立培养的价值坐标。在新时代中国青年社会责任感培养过程中，把社会主义核心价值观的三个层面的抽象内容具体化为新时代中国青年接受的社会责任感培养内容，并在实践中不断检验其效果，从而有利于深化社会主义核心价值观的研究。

（四）有助于拓展对习近平新时代中国特色社会主义思想的研究

在新时代背景下，时代的发展对青年的社会责任感提出了更高的要求，为此，习近平总书记曾多次在重大场合讲话中强调了青年培养的关键意义，形成了一系列关于青年社会责任感培养的重要论述，对在新时代、新起点上开展青年的教育培养工作具有积极的指导意义。本书通过对习近平总书记关于青年社会责任感提出的新观点和新论断梳理，进一步学习和内化了习近平总书记关于青年社会责任感培养的核心主张，有助于从青年社会责任感的角度拓展对习近平新时代中国特色社会主义思想的认识和研究，在一定程度上推进了习近平新时代中国特色社会主义思想在青年社会责任感培养中的有效转化。

三、研究的现实意义

(一) 有助于加强和改进新时代青年的思想政治工作

青年社会责任感培养是青年思想政治工作重要组成部分，青年社会责任感培养现状也直接体现着青年思想政治工作的成效。中国特色社会主义新时代的到来，对新时代青年的思想政治工作提出了更高的要求和挑战。在新时代的新征程中，与之伴随的是更加复杂的社会发展形势，加之网络新媒体时代的到来，大量的信息碎片充斥青年的生活，如何筑牢新时代中国的精神之基，使中国青年能够以崇高的理想信仰在新时代中创新创造，需要依靠与时俱进的思想政治工作。对新时代中国青年社会责任感的培养研究，是建立理论与现实关联的有效途径。可以有效结合当今世界发展的形势及我国社会建设与发展的现实需要，为解决新时代中国青年社会责任教育的诸多现实问题提供有效的参考。一方面可以充实青年思想政治工作的内容，增强青年思想政治工作的时代感和创新性，另一方面可以丰富青年思想政治工作的方法、载体与路径，在一定程度上可以有效改进青年思想政治工作，继而通过具有针对性的青年社会责任感培养和教育，有效地引导青年基于强烈的社会责任感，增强对社会主义核心价值观的内在认同，帮助新时代青年树立科学正确的社会责任感，有助于从社会责任感的角度加强和改进新时代青年的思想政治工作。

（二）培养担当民族复兴大任的时代新人

国家富强、民族复兴是中华民族近百年的奋斗目标，为实现中华民族伟大复兴的中国梦而奋斗，是中国青年运动的时代主题，青年正是完成这一使命的主要担当者。习近平总书记指出："历史告诉我们，每个人的前途命运都与国家和民族的前途命运紧密相连。国家好，民族好，大家才会好。实现中华民族伟大复兴是一项光荣而艰巨的事业，需要一代又一代中国人共同为之努力。"① 在全国宣传思想工作会议上，习近平总书记指出："育新人，就是要坚持立德树人、以文化人，建设社会主义精神文明、培育和践行社会主义核心价值观，提高人民思想觉悟、道德水准、文明素养，培养能够担当民族复兴大任的时代新人。"② 新时代的中国青年是最有潜力成为合格时代新人的优秀群体，新时代青年肩负着建设新时代中国特色社会主义、实现中华民族伟大复兴中国梦的历史使命。本书从中华民族伟大复兴的长远出发，通过对新时代中国青年社会责任感培养的研究，加强新时代中国青年社会责任教育，为国家建设和民族复兴大任培养出合格的时代新人。促使新时代中国青年播种梦想、点燃梦想，敢于有梦、勇于追梦、勤于圆梦，使其具有崇高的理想信念、过硬的知识和本领、复兴民族大业的情怀和担当精神，树立在继承前人的基础上超越前人的雄心壮志，真正承担起国家富强、民族复兴的历史重任，从而充分发挥青年在实现中国梦过程中的强大青春能量。

---

① 《习近平谈治国理政》（第一卷），北京：外文出版社2014年版，第36页。
② 习近平：《举旗帜聚民心育新人兴文化展形象 更好完成新形势下宣传思想工作使命任务》，载《光明日报》，2018年8月23日，第1版。

（三）有助于推动新时代中高等教育的改革发展

改革开放以来，我国中高等教育取得了长足的发展，为中国特色社会主义事业培养了大量的人才，形成了独树一帜的特色育人思想及教育体系，为我国的建设与发展培养和输送了大量的优秀人才，以教育的力量推动着社会的进步与发展。但是在发展过程中，由于教育资源分布不均衡以及相对短缺等复杂的原因，部分地区的高等教育质量出现了滑坡的趋势。进入新时代，我国中高等教育面临更大的发展机遇和挑战，培养优秀的青年人才成为了中高等教育事业的重要使命。对此，习近平总书记指出："把青年一代培养造就成德智体美劳全面发展的社会主义建设者和接班人，是事关党和国家前途命运的重大战略任务，是全党的共同政治责任。各级党委和政府、各级领导干部以及全社会都要充分信任青年、热情关心青年、严格要求青年，关注青年愿望、帮助青年发展、支持青年创业，做青年朋友的知心人、青年工作的热心人、青年群众的引路人。"[①] 新时代中国青年正处于人生发展的重要阶段，他们的世界观、人生观、价值观、生态观等都还有极大的可塑性，这也是培养他们道德责任意识的有利时机。只有解决好了新时代中国青年社会责任感培养问题，其他方面的思想道德问题才可能有较为完满的解决。培养新时代中国青年社会责任感，使其责任意识与社会要求达到有机统一，就成为新时代中高等教育发展的紧迫任务。同时，在全球化趋势下，我国的中高等教育也要具备世界视野，不断借鉴国外相关启示，才能取得更长足的发展。因此，本书在系统梳理了当前我国中高等教育在青年社会责任感培养存在的短板的基础上，对国外相关教育理论和实践进行了对比参照，有利于加快新时代中高等教育的改革发展。

---

① 习近平：《在纪念五四运动 100 周年大会上的讲话》，北京：人民出版社 2019 年版，第 12—13 页。

第二节 国内外研究现状

青年作为人类的一个特有的群体，已经引起全世界的高度关注，其社会责任感越来越得到重视。国内外学者都对青年社会责任感进行了相关研究，并取得了一系列富有成效的成果，使这一领域的研究不断深化和进展。

一、国外对青年社会责任感培养的研究

美国、英国、法国等西方国家的现代教育和心理学者对于青年道德教育的研究起步较早，时至今日已经取得了大量的和相对成熟的研究成果。西方国家对于青年社会责任感的培养教育在理论研究方面偏重于行为教育学和人本主义教育理论方面，学界普遍倾向于通过对人进行全面教育和以对人的尊重为核心，注重个性培养和教育理论来解决青年社会责任感的培养。这些以人本主义思想为基础的道德教育为青年社会责任感的培养创造了良好的条件。此外，亚洲的其他国家，如日本、新加坡等国家虽然对青年社会责任感的研究相对欧美国家起步晚，但能够根据世界发展形势和本国实际，并积极借鉴西方国家的研究成果，也取得了一定的成效，对新时代中国青年社会责任感的培养也具有一定的借鉴意义。

（一）青年社会责任感培养的理论

美国在青年社会责任感的培养研究方面开始较早，积累了较多的研究成果，并且将研究成果运用到了具体的教育实践中。主要的理论学派

有价值观澄清理论学派、逻辑推理价值观教育理论学派、体谅关心理论流派、社会行动理论流派以及完善人格道德教育理论流派。其中价值观澄清理论学派强调道德教育的基本任务就是运用多种不同的方法，帮助青少年树立正确的价值观念，并转化为具体行动。逻辑推理价值观教育理论学派将逻辑学逻辑推理与证明的过程同人的价值观教育充分地结合起来，使针对青年开展的价值观教育在方法和手段上更具有可行性。体谅关心理论学派认为情感教育是道德教育的重中之重，强调学校的德育工作必须要紧紧围绕情感展开，目的是要培养青年群体学会体谅与关心。社会行动理论学派提倡根据社会变革的整体环境，把道德情感、认知以及行为进行糅合，形成一个完整的教育体系，明确的行动取向是这一体系的重要特点。完善人格道德教育理论学派认为学校的教育要促进人的人格完善，并将责任与尊重作为学校教育的重点。此外，韩国、日本和新加坡等亚洲国家在青年社会责任意识教育研究方面也得出了一系列的成果，根据本国国情和教育体制实际予以创新和发展，使之更适合于本国教育。

（二）青年社会责任感培养的目标

近些年来，国际上一些国家将培养"责任公民"置于国民教育的重要地位，在"责任公民"培养的过程中使青年受到社会责任意识教育，这一举措在相应的法律中有迹可循。举例来说，《美国2000年教育目标法》规定："所有学生都要参与促进个人品德良好表现的活动，促进身体健康的社会服务和培养个人责任感的活动。"1990年英国国家课程委员会（NCC）的报告《公民教育》将公民教育描述为"在民主社会中探索，做出知情的决定和锻炼责任与权利所必需的知识、技能和态度"。韩国开展青年社会责任意识教育的根本目标是以民主精神为前提，对青年群体进行道德规范和行为约束，建立公民意识和国家意识，使青年形成正确的道德判断能力和价值观,培养其道德品质,使得教育对象能够正确理解个人、社会和国家之间的关系,最终树立起互助协作的精神。日本在二战结束后,重新规定了国家教育的目标,强调学校所有的活动都要围绕"培养完善的人格,能担负起下个世纪重任的身心健康的国民"来开展。新加坡关于青年社会责任培养的目标在于培养"国家意识",增强青年对新加坡作为国家的认同,培养出具有国家意识、有社会责任感和正确价值观即"能对自己、家庭、邻居、社会和国家尽自己义务的"、能明辨是非的、良好而有用的"新加坡人"。

(三) 青年社会责任感培养的途径和方法

在许多西方国家,道德教育课程往往以独立的课程形式出现,这些国家通常会用法律的形式要求或鼓励各个学校开设公民学以及历史学的专题研讨、讲座,并在各个学科中渗透责任感教育。西方国家的责任意识教育的重要特征之一就是实践性,通过不同形式的社会服务与活动,青年群体可以在大量的社会实践中加强对于责任与道德的认识,从而提升自身的责任感。利用传媒和公共环境对青年进行渗透性的责任意识教育。通过电影、电视、通俗杂志以及博物馆、纪念堂等公共环境对青年进行责任感的熏陶。运用心理咨询、课堂的启发式教学等多种手段培养青年健全人格,增强其责任意识。美国注重青年的基础性教育,重视整合学校的道德教育,培养青年的道德认知能力,促进青年社会化;与此同时,美国高校还注重通过品格教育向青年进行渗透性教育;此外,美国还实施公民养成教育,这对增强美国青年社会责任意识教育的效果产生了重要的作用。法国与英国在开展青年社会责任意识教育时,以德育基础课程为依托,有效地利用实践来巩固课堂教育的效果,将道德责任教育贯彻到青年的生活和实践活动中去,注重道德实践的典范教育。日本在开设道德责任课程,加强道德责任教育的基础上,善于吸取外来文化，有效地从中国的传统儒家文化以及英国、美国等国家的青年社会责任意识教育经验中汲取营养，与本土教育理念相结合实现了再次的创新，建立起了由社区、家庭和学校三管齐下开展社会责任意识教育的新型模式，因此，日本也成了当前国际上在社会责任意识教育方面相对成熟的国家之一。韩国十分重视通过实践活动进行道德责任教育，主张教学过程与生活相联系，坚持寓教于文、寓教于乐的原则，注重和贯彻言传身教的方法。新加坡政府把包括高校公民责任教育在内的与社会精神文明建设有关的多种内容进行了法制化的规定，用详细并且具有高度可行性的规章制度和法律法规对于社会青年的日常行为做出了硬性的约束和引导，并重视社会实践，强调知行合一，在实践活动中进一步提高青年的社会责任意识。

随着中国在世界上影响力的提升，西方学者对我国青年社会责任感培养问题日益关注，研究成果在视角、主题和方法上走向多维与深入。虽然已有成果并不直接以"社会责任感"作为直接主题，而是基于研究者自身的理论视阈和问题意识加以界定，比如有从政治学角度研究中国青年的意识形态、公民意识教育、爱国主义教育；有从历史学角度考证新中国成立以来中国青年的思想政治工作演变轨迹；有从教育学、心理学角度研究中国青年的德育方针等。由于受政治制度和价值理念的影响，西方学者对中国青年社会责任感培养的研究带有明显的西方价值标准和西方思维模式。党的十九大以后，西方学界掀起习近平新时代中国特色社会主义思想研究热，这些研究大多集中于习近平新时代中国特色社会主义思想的世界意义方面，而对习近平总书记关于青年社会责任感培养的重要论述研究，一些专家学者的观点只是散见于网络报纸上，如：美国丹佛大学教授、美中合作中心主任、《当代中国》主编赵穗生认为，习近平所提出的青年教育思想结合了青年的根本需求，对于青年发展有重要的指导意义。美国哈佛大学教授安东尼·赛奇认为，习近平以务实、亲民、充满活力的形象出现，给国际青年留下了深刻的印象，特别是给亚洲、非洲和东欧大部分国家的青年留下了很好的印象。从当前搜集的资料来看，国外尚未发现有专门的著作和文章来探讨中国青年社会责任感培养问题。

二、国内对青年社会责任感培养的研究

随着青年社会责任感重要性的不断凸显，该问题引起越来越多国内学者的关注，并取得了较丰富的研究成果，形成了较成熟的理论体系。根据对成果的研究梳理，大多围绕新时代中国青年社会责任感现状、社会责任感培养的目标和内容、社会责任感培养的机遇和挑战、社会责任感培养的重要性和对策等方面进行了广泛而深入的研究，并取得了较为丰富的研究成果。此外，党的十八大以来，国内学界对习近平总书记关于青年社会责任的重要论述进行了深入研究，并取得了较为系统的研究成果。

（一）新时代中国青年社会责任感的现状

新时代的到来，为青年社会责任感的形成产生了深远的影响，有学者认为，新时代中国青年社会责任感呈现出"主流是积极正面的，但由于市场经济的负面作用、社会体制转轨时期多元价值观的渗透冲击、网络媒体的消极缺位、学校责任教育的弱化、家庭教育的偏差以及大学生自身主体性的失范等因素的影响，目前大学生社会责任感淡化缺失倾向明显，主要表现在：价值取向错位蔓延、自我中心主义过强、公民意识淡薄、缺乏社会认同感与归宿感、缺乏对国家与社会的责任担当、重视物质享受而忽略义务履行、重视个人利益而忽视集体利益等。"[①] 研究者

---

① 陈树文、林伯成：《新时代做好大学生社会责任感培养工作的四个维度》，载《思想理论教育导刊》，2018 年第 2 期。

任志祥研究指出:"社会责任思想影响着相关群体承担社会责任的效果。"① 并强调了中国特色社会主义进入新时代以来,青年传承和践行社会责任得到了党和国家的高度重视。研究者付霞研究和分析了新时代青年责任伦理培育的相关问题,认为:"青年的价值取向决定了未来整个社会的价值取向。责任伦理对当代青年个体的成长和社会发展具有重要的价值,也是整个社会乃至未来道德建设的风向标。"② 并分析了当代青年责任伦理建构的时代境遇,从家庭、学校、社会等多方面探讨了新时代青年责任感教育的外部环境。任志祥对新时代青年的社会责任感培养问题进行了精炼的探讨,以研究评论的形式,提出了青年社会责任感培养的关键问题,指出:"经济社会全面发展、人民对美好生活的向往、中华民族的伟大复兴、中国特色社会主义事业不断迈进,都需要广大青年牢固树立责任意识、肩负重任、不负重托,都需要广大青年明确责任、传承责任、积极作为。"

(二) 新时代中国青年社会责任感培养的目标和内容

关于新时代中国青年社会责任感培养的目标,有学者认为,责任教育目标的表达方式有三种:分层表达、体系表达和综合式表达。有学者认为,"大学生社会责任教育的目标是为实现中华民族伟大复兴的中国梦培育有理想、有担当、有作为的新时代大学生。实现中华民族伟大复兴的中国梦是总目标和指向,有理想、有担当、有作为是总体目标的具体化。"③ 关于新时代中国青年社会责任感培养的内容,有学者认为,"大学生社会责任意识教育内容主要有理想信念教育、社会主义核心价

---

① 任志祥:《新时代青年社会责任感探究——评〈青年大学生社会责任感培育研究〉》,载《高教探索》,2018 年第 10 期,第 129 页。

② 付霞:《新时代青年责任伦理培育构建的路径微探》,载《学校党建与思想教育》,2018 年第 12 期,第 59 页。

③ 彭蓉:《青年大学生社会责任教育的目标和内容》,载《北京德育》,2018 年第 2 期。

值观教育、中华优秀传统文化教育。"① 有学者认为，"主要是培育社会主义公民意识、加强中国精神教育、突出法治精神的培养、增强公民道德责任、培养公民能力"②。有学者认为，新时代中国青年要清醒认识到自身担负的使命，即"全面建成小康社会、建成社会主义现代化强国的使命，为人类作出更大贡献的使命"③。还有学者认为新时代中国青年社会责任培养的内容应该包括："自身和家庭的责任、民族和国家的责任、人类和世界的责任"④。研究者朱志明、刘映芳强调了培养时代新人的重要内容，认为："时代新人要增强勇于担当时代责任和历史使命的自觉性"，强调时代新人要"不断增长本领、勇敢投身社会实践"⑤。彭蓉立意鲜明地探讨了青年大学生社会责任感培养的目标和内容，认为青年大学生社会责任培养"应该以为实现中华民族伟大复兴的中国梦培养有理想、有担当、有作为的新时代大学生为目标"，"大学生社会责任教育的内容主要包括人生观教育、家庭观教育、历史观教育、民族观教育、国家观教育、文化观教育、价值观教育以及人类命运共同体意识教育"。⑥

（三）新时代中国青年社会责任感培养的机遇和挑战

新时代新担当，青年大学生的社会责任教育面临着新的机遇和挑

---

① 李宛静、林伯海：《习近平关于大学生社会责任意识培育思想探析》，载《思想政治教育研究》，2016 年第 5 期。

② 马建青、陈曾燕：《习近平关于青年社会责任的重要论述解析》，载《毛泽东邓小平理论研究》，2016 年第 10 期。

③ 李娟、陈金龙：《中国青年的责任和使命》，载《光明日报》，2019 年 5 月 7 日，第 11 版。

④ 彭蓉：《青年大学生社会责任教育的目标和内容》，载《北京德育》，2018 年第 2 期。

⑤ 朱志明、刘映芳：《时代新人要勇于担当时代责任和历史使命》，载《红旗文稿》，2018 年第 8 期，第 39 页。

⑥ 彭蓉：《青年大学生社会责任教育的目标和内容》，载《北京教育（德育）》，2018 年第 2 期。

战。孙森在研究中，重点结合国内外发展形势，探讨了青年社会责任感培养面临的机遇和挑战问题，在机遇方面，孙森指出："培育践行社会主义核心价值观为青年大学生社会责任教育创造了良好的社会环境；新媒体技术的广泛运用为青年大学生社会责任教育提供了更有效的教育手段与方式；青年大学生良好的素养为社会责任教育提供了内在的条件与基础。"此外，进一步提出了青年大学生社会责任感培养面临的挑战，主要包括："西方社会思潮的冲击青年大学生的社会责任教育带来一定的不良影响；国内社会转型的影响导致导致青年大学生存在异质、多元、矛盾、利益复杂的趋势，对社会责任采取不同的态度和行为；网络带来的负面效应冲击青年大学生的世界观、人生观和价值观；青年大学生自身素养方面的影响，如责任意识不足、功利性强、意志薄弱等。"[①]罗海仙从社会主要矛盾角度，分析了当前复杂的社会环境为青年教育带来的挑战，指出："党的十九大报告宣布中国特色社会主义进入新时代，我国社会的主要矛盾已经发生了新的变化，意味着新时代中国社会的发展不仅是经济领域的发展，而且拓展到了社会领域的发展，也意味着未来中国特色社会主义的发展对青年的责任意识提出了更高的要求。"[②]鄂丽美与王永明分析探讨了大众传媒对青年社会责任培养带来的双重影响，指出："大众传媒不仅是青年群体的道德教育载体，同时也为开展青年社会责任意识教育提供了良好的精神环境，深刻地影响着青年社会责任意识教育的效果。大众传媒对青年社会责任意识教育的积极影响有：打破了单向传播的教育方式，丰富了青年社会责任意识教育的内容，提高了青年社会责任意识教育的时效性，突出了受教育者的主体地位；消极影响包括教育者的主观能动性被弱化，受教育者的价值观低俗

---

① 孙森：《青年大学生社会责任教育的机遇和挑战》，载《北京德育》，2018年第2期。
② 罗海仙：《论我国社会主要矛盾新转化与青年责任意识教育》，载《广西教育学院学报》，2018年第5期，第118页。

化,教育环境日益复杂化。"①

(四) 新时代中国青年社会责任感培养的重要性

关于对新时代中国青年社会责任感培养的重要性,有学者认为:"首先,对青年大学生进行社会责任教育是实现中国梦的必然要求。青年大学生敢于担当、敢于负责,对中国梦的实现充满着强烈的责任感和使命感,是中国梦实现的重要动力,中华民族伟大复兴的中国梦终将在一代代青年的接力奋斗中变为现实;其次,对青年大学生进行社会责任教育是中国特色社会主义进入新时代的时代要求。中国特色社会主义新时代客观上要求青年大学生要紧跟新时代的变化、把握新时代的特征、明确新时代的要求。同时,中国特色社会主义新时代客观上要求青年大学生要勇担新时代重任,有所作为。最后,对青年大学生进行社会责任教育是大学生成长成才的内在需求。青年大学生成长成才的价值目标的实现是一个多元的价值目标的综合体。"②

(五) 新时代中国青年社会责任感培养的对策

关于新时代中国青年社会责任感培养的对策方面,有学者认为:"首先,要发挥学校教育功能,强化思想引领和理论研学,使担当成为青年大学生的意识自觉。包括强化对中国特色社会主义道路的认同,强化对社会主义核心价值观的认同,强化对时代新人的认同;其次,发挥教师专业优势,强化教学指导和潜能激发,使担当成为大学生的学业自觉。包括让青年大学生成为有过硬本领的专门人才,成为有敬业精神的

---

① 鄂丽美、王永明:《大众传媒对青年社会责任意识教育的影响探析》,载《黑龙江教育》,2014年第12期,第89页。

② 高国栋:《青年大学生社会责任教育的内涵及意义》,载《北京德育》,2018年第2期。

可靠人才，成为有创新品质的时代人才；最后，发挥学生主体作用，强化实践养成和社会服务，使担当成为大学生的责任自觉。包括强化青年大学生的自我教育、自我管理、自我服务，实现有理想、有本领、有担当的时代新人，推动有位有为、大有可为、大有作为。"[①] 有学者认为："用习近平的青年思想政治教育工作理论指导做好大学生社会责任感培养工作，应把握四个维度：高举中国特色社会主义伟大旗帜是应确保的正确方向，实现中国梦是其时代主题，加强社会主义核心价值观教育是**其关键任务，注重实践与榜样示范作用是其有效路径。**"[②] 另有学者提出："**发挥课**堂教学主渠道作用，增强青年大学生的社会责任认知；利**用班级和宿舍管理平台**，提升青年大学生的社会责任主体意识；打对口校园文化，提升青年大学生的意志力和践行力；健全高校体制机制，为青年大学生践行社会责任提供制度保障。"[③]

三、研究的趋势

加强青年社会责任感培养是党的十八大以来以习近平同志为核心的党中央对"为什么要培养青年、培养什么样的青年、怎样培养青年"的具体回答。通过对有关青年社会责任感培养国内外研究现状的总结，我们可以看出来，我国对青年社会责任感培养的现状、原因分析、对策途径方面的研究已经较为全面，取得了一定的成果。但是，也存在一定的不足，例如，关于生态责任教育还相对缺乏，关于青年对人类和社会的责任研究还不足，对家庭和社会在青年社会责任感培养方面的研究相对

---

① 章琳：《时代新人视阈下大学生担当精神培育路径探究》，载《思想理论教育导刊》，2018 年第 4 期。

② 陈树文、林伯成：《新时代做好大学生社会责任感培养工作的四个维度》，载《思想理论教育导刊》2018 年第 2 期。

③ 马卿誉：《论青年大学生社会责任教育的路径选择》，载《北京教育》，2018 第 2 期。

较少,在新时代中国青年社会责任感培养过程中教育者和受教育者之间的关系论述较少。同时,对新时代中国青年这一群体的关注度还不够,其相关界定也比较模糊。对新时代中国青年群体社会责任感培养的相关理论,如对新时代中国青年社会责任感培养的内容、培养的重要性及存在的问题和提升对策等研究成果还需要不断丰富,对制度保障在青年社会责任感培养过程中的作用还需要深入研究,对新时代中国青年社会责任感的取向进行研究比较少见,对新时代中国青年社会责任感的特点研究得少又少之,这种局限导致了人们研究新时代中国青年社会责任感时缺乏对横向环境的分析和历史纵向的对照,因而其研究成果缺乏针对性和时效性。

此外,通过系统梳理和总结学术界对习近平总书记关于青年社会责任重要论述的研究综述和评价,此领域未来的研究需要在以下两个方面进一步展开深入研究和探讨。

一是习近平总书记关于青年社会责任重要论述与培养担当民族复兴大任的时代新人的关系研究。党的十九大提出了"培养担当民族复兴大任的时代新人"的重要任务,习近平在全国宣传思想工作会议上进一步提出并阐述了"育新人"这一使命任务,指出:"宣传思想工作是做人的工作的,要把培养担当民族复兴大任的时代新人作为重要职责。新时代中国青年是时代新人的主要力量,其社会责任直接关系到新时代中国特色社会主义的发展与中华民族伟大复兴中国梦的实现。"鉴于此,要从中华民族伟大复兴的长远出发,通过对习近平总书记关于青年社会责任的重要论述深入研究,深刻分析习近平总书记关于青年社会责任重要论述与培养担当民族复兴大任时代新人之间的深层次逻辑关系。加快习近平总书记关于青年社会责任重要论述向时代新人培育的具体实践转化路径研究,使更多的研究成果有效指导新时代青年社会责任的理论及实践教育,使新时代中国青年具有崇高的理想信念、过硬的知识和本领、复兴民族大业的情怀和担当精神，为国家建设和民族复兴大任培养出合格的时代新人，加快中国梦实现的步伐。

二是习近平总书记关于青年社会责任重要论述实践价值转化的路径研究。习近平总书记关于青年社会责任的重要论述是新时代青年社会责任教育的指导思想和行动纲领，如何把习近平总书记关于青年社会责任的重要论述贯彻落实到新时代青年社会责任教育的具体实践中，切实发挥习近平总书记关于青年社会责任的重要论述对新时代中国青年社会责任教育的指导意义，是此领域未来研究的一个重要成长点。要结合实现中华民族伟大复兴的客观要求和培养担当民族复兴大任时代新人的现实要求，并根据青年社会地位和青年运动主题的变化等提出新时代青年社会责任教育的整体目标。要结合习近平总书记关于青年社会责任重要论述内容的核心要义丰富青年社会责任的基本内容。要根据新时代中国青年社会责任的特点和教育规律，系统研究习近平总书记关于青年社会责任重要论述实践价值转化的具体路径，把习近平总书记关于青年社会责任的重要论述融入社会教育过程中，发挥社会教育对青年社会责任教育的重要作用；把习近平总书记关于青年社会责任的重要论述融入家庭教育过程中，发挥家庭教育对青年社会责任教育的关键作用；把习近平总书记关于青年社会责任的重要论述融入青年自我教育过程中，发挥自我教育对青年社会责任教育的积极作用；把习近平总书记关于青年社会责任的重要论述融入相关制度建设中，发挥制度建设对青年社会责任教育的保障作用。

总之，本书在总结前人研究的基础上，对新时代中国青年生活的环境进行全面的分析，正确把握新时代中国青年社会责任感养成的综合条件，对新时代中国青年社会责任感形成的规律和当代趋向等方面进行了较为深刻和系统的研究，并深刻学习和贯彻习近平总书记关于青年社会责任重要论述，为切实提高新时代中国青年社会责任感的培养提供有益探索。

第三节 研究的思路与方法

本书研究的思路采纳了在认真学习和读研已有成果和经典文本的基础上,通过实地调查,数据分析和理论总结,然后根据相关问题和原因提出具体对策的思路,从而使本书具有较强的针对性和实效性。同时本书在坚持马克思主义为指导思想的前提下,从理论和实践、宏观和微观的视角,运用哲学、社会学、教育学等学科的基本理论,采用多种多样的方法,使本书的研究具有一定的科学性。

一、研究的思路

首先,在经过认真学习和读研已有成果和经典文本的基础上,对新时代中国青年社会责任感培养的相关理论做出准确界定和科学概括,主要包括新时代中国青年社会责任感培养的理论意蕴;对国外青年社会责任感培养的理论和实践进行评析,以借鉴国外有益的培养理论和方式、方法,拓展我国新时代中国青年社会责任感培养的视野;分析了新时代中国青年社会责任感的结构、形成过程和规律;其次,对青年社会责任感进行历史考察,并通过实地调查研究,对新时代中国青年社会责任感的新趋向进行分析,以掌握新时代中国青年社会责任感的最新特点。再次,对新时代中国青年社会责任感培养的时代价值进行论证,并对新时代中国青年社会责任感培养的现实进行反思和审视,充分了解当前在新时代中国青年社会责任感培养方面存在的短板,为提出科学的培养目标和对策提供理论和实践支撑。最后,提出新时代中国青年社会责任感培养的原则、评价和主要对策,以增强青年社会责任感培养的实效性。

二、研究的方法

第一，实证调查研究法。通过实地调查研究，掌握了新时代中国青年社会责任感现状的真实的资料，并在此基础上，积极采用现场访谈和对话等方式，深入新时代中国青年群体，细致了解和掌握新时代中国青年社会责任感的实际状况，为本书研究的重要性和必要性提供实践支撑。

第二，文献解读法。通过广泛收集和查阅当前反映青年社会责任感的相关文献及其他方面的材料，对专著、期刊等各种文献进行翔实的梳理、考证、分析和阐发，以充分了解该领域学术界的研究状况和动态，并在此基础上提炼出新时代中国青年社会责任感培养的重要性和规律，为本书研究的可行性提供理论支撑。

第三，历史和逻辑相结合法。本书通过对中国青年社会责任感的历史回顾与考察，突破时间和空间上的限制，为新时代中国青年社会责任感的培养提供合理的历史依据，并力求以历史事实为论文的论证提供有效的说服力。

第四，整体性法。新时代中国青年社会责任感培养是一项整体性的工程，只有从整体的角度，把社会教育、学校教育、家庭教育、自我教育和制度保障等有机地关联起来，才能真正提高新时代中国青年社会责任感。

第五，定性分析法。本书通过运用归纳和演绎、分析与综合以及抽象与概括等方法，对获得的青年社会责任感研究的各种材料进行思维加工，从而去粗取精、去伪存真、由此及彼、由表及里，将定性研究与定量研究结合起来，进而揭示新时代中国青年社会责任感的内在规律和形成机制。

第六，跨学科研究法。新时代中国青年社会责任感的培养需要综合利用多学科的理论知识，本书通过从哲学、政治学、法学、教育学、心理学、伦理学等不同学科角度，对新时代中国青年社会责任感进行全方位的研究，以能提出切实可行的方法和措施，增强本书研究的实效性。

第四节　研究的创新与不足

本书的研究在总结前人研究的基础上，从研究视角、研究内容和研究方法等方面进行了一定的创新。同时，本研究还存在一定的不足和缺陷，还需要进一步加强相关研究。

一、研究的创新

（一）研究视角的创新

本书根据马克思关于个人与社会关系学说和责任与自由哲学理论及人生活在社会中，在享受着社会生活的种种便利的同时，也应根据自己在社会分工系统和更广的社会交换系统中的地位承担起对社会的相应责任的理论，认为新时代中国青年作为一个特殊的社会群体要具备一定的社会责任认知和责任认同，并要承担相应的社会责任。本书从新时代中国特色社会主义的发展、中国改革开放和社会转型这一背景出发，试图突破原有研究主要集中在大学生群体的局限，选取新时代中国青年为研究对象，将视野扩展到探求新时代中国青年群体社会责任感的共性上，深刻分析新时代中国特色社会主义的发展、全面深化改革开放和社会转型对新时代中国青年产生的深刻影响，尝试从一个新的视角对新时代中国青年的社会责任感新趋向进行探究，期望能为新时代中国青年社会责任感的培养提供有益的探索，以增强本书的前瞻性和实效性。

（二）研究内容的创新

新时代中国青年社会责任感培养既非简单的传统道德教育的外延和演绎，也非环境教育与道德教育的简单相加和拼凑，它是一个涉及多学科、跨领域、综合性的有机系统。本书以社会发生的实际事件为案例，并借鉴了心理学、政治学、教育学、伦理学等相关的理论及研究成果，进一步从西方个人主义价值观的渗透、社会转型的负面影响、市场经济的挑战、网络新媒体的消极影响以及青年主体性的弱化等方面试图探寻造成新时代中国青年社会责任感缺失问题产生的内外原因。此外，本书提出了对新时代中国青年社会责任感培养的紧迫性与重要性，最后本书在结合前文对于青年社会责任感缺失原因和培养存在的问题进行的深刻分析，提出切实可行的新时代中国青年社会责任感培养的原则、评价和路径，希望通过对各种社会力量的整合为应对新时代中国青年社会责任感缺失寻找到合理的、具有针对性的解决方法，为新时代中国青年社会责任感的培养提出有一些具有参考价值的建议。

（三）研究方法的创新

新时代中国青年社会责任感培养是一个长期的过程，是一个新的实践领域，也是一个较为复杂的课题。因此，对新时代中国青年进行社会责任感培养需要创新和运用新方法。本书在借鉴以往调查研究和文献分析方法的基础上，采取了定量与定性分析相结合的方法，即通过运用归纳和演绎、分析与综合以及抽象与概括、横向和纵向的比较等不同的方法，对青年社会责任感研究的大量素材和数据进行了再次加工，从而去粗取精、去伪存真、由此及彼、由表及里，进而揭示青年社会责任感的形成过程和规律。

二、研究的不足

由于本书的选题角度是新时代中国青年社会责任感培养研究，针对这一研究，目前学界的研究成果还很少，所以本书研究面临的首要问题是参考文献方面的不足。对新时代中国青年社会责任感研究文字表述较多，理论分析力度还不够。其次，本书研究是在新时代背景下提出来的，但是在研究过程中存在一定的理论与现实结合不强的问题，如何把握新时代对中国青年及其社会责任感产生的影响还需要做进一步研究。在如何界定新时代中国青年社会责任感的时代特征、形成规律等方面，还存在较为模糊的观点，新时代青年社会责任感培养的内容还需要进一步丰富和完善。再次，新时代中国青年社会责任感培养是一个长期的过程，是一个新的实践领域，也是一个较为复杂的课题，同时，新时代中国青年社会责任感培养既非简单的传统道德教育的外延和演绎，也非责任与道德教育的简单相加和拼凑，它是一个涉及多学科、跨领域、综合性的有机系统，还有许多问题有待探讨和研究。最后，由于笔者研究能力有限，对相关知识储备不足，致使本书的研究还相对粗浅，有些问题，包括新时代中国青年社会责任感培养教育的重要性、新时代中国青年社会责任感培养存在问题的原因及加强培养的措施还认识不够全面。如何把习近平总书记关于青年社会责任的重要论述融入新时代中国青年责任感培养的过程还需要深入分析。综上所述，本书研究有一定困难，还需要学者们不断深入这一领域的研究，本书也在积极尝试探索，以期为本领域的研究提供微薄的理论和实践借鉴。

第二章　新时代中国青年社会责任感培养的基本理论概述

本章对新时代中国青年社会责任感培养的基本理论进行了阐述和分析，首先从宏观上分析了新时代的内涵和时代意义，然后从角色作为社会责任感的逻辑起点入手，界定了社会责任感的内涵和本质属性，分析了社会责任感的主体和客体，并阐述了社会责任感的历史地位和作用。在此基础上，深刻分析了新时代中国青年的时代特征、群体概况和青年社会责任感的内涵。然后从马克思主义经典作家关于青年与社会关系学说、马赫列尔的青年本质论、中国共产党关于青年教育的指导思想和习近平总书记关于青年社会责任重要论述等四个方面提出了新时代中国青年社会责任感培养的理论依据。

第一节　责任感：人类的共生性尺度与发展的基本保障

角色是责任感的逻辑起点，责任感有其特殊的内涵和本质属性，在履行责任的过程中，责任感本身的主体与客体各自扮演着独立的角色，在人类社会漫长的历史演变中，社会责任感对于促进社会发展所发挥的作用是不可替代的，社会责任感是衡量人类意识、道德、行为的标准，是人们活动的规范和行为的准则，是调整人与社会、人与自然及人与人之间规范的总和，最终目的是实现人类社会的和谐有序发展，由此，社会责任感是人类的共生性尺度和发展的基本保障。

一、角色：社会责任感的逻辑起点

事物的发展变化都有其相应的因果。黑格尔认为事物的生成发展过程是个封闭的过程，任何一点都可以作为逻辑起点。马克思的《资本论》正是从商品这个最简单、最抽象的逻辑起点出发，展开关于资本主义经济形态的论述，证明资本主义经济的全部多样性都存在于商品之中。从逻辑学的角度讲，逻辑起点是反映对象的最一般的本质和关系，是对对象的适度抽象，它包含着对象整个发展过程的一切矛盾的"萌芽"，在表现形式上，是某一概念范畴。同时，又由于责任感起源于角色，角色是责任感中最基本、最简单、最抽象的范畴。比如，没有教师的角色，就没有为人师表的责任感，没有军人，就没有军人保家卫国的责任感等。此外，角色的产生与责任感的产生具有同时性，其逻辑起点和历史起点是一致的。根据黑格尔的论述和马克思与逻辑学及角色属性的相关观点，我们可以把角色作为社会责任感的思维出发点，从而深入地研究社会责任感的有关内容。

角色是人在社会上出现和活动的身份印记，是人在社会关系中的坐标定位。人从呱呱坠地时起，社会就给他（她）一个角色，这些角色进而构成一种社会关系，相应地，这种角色和社会关系连带出一系列的社会责任和义务、权利和荣誉等。角色是人的社会地位和身份的显现，人的角色不同，意味着这个人在社会上的影响和贡献也不同。作为社会面具的角色，其获得和分配要遵循一定的社会规则和自然规律，公平、合理、科学地分配社会角色是社会良性运行的基础和关键。社会角色是动态的，个体只有在行动中才会承担社会角色，也只有在实践中，社会角色才会为社会所承认。角色的本质是人的社会责任感的分配和实现，是社会责任感在人与社会、人与自然、人与人之间的交接和传承。

角色和责任感的关系，是名和实的关系，是表和里的关系，是形式和内容的关系，社会角色如果没有责任感的支撑，角色也就失去原有的本意和作用。"责任是社会结构点上的凝聚力、承载力，角色只是这个结点上的理论的表征。角色认同和责任认同是一致的。"① 社会成员只有对于自身的判断和角色的认定实现了自我认知和社会认知的统一，其角色才称之为被真正地认同，如果在自我认同和社会认同之中有其中一方面失去认同，那么对于角色和责任感的关系维护与巩固则是十分不利的，社会成员会极易产生逃避责任的问题。责任认同是角色认同的深化和发展，责任感认同往往与角色认同保持同步。因此，角色作为社会责任感的逻辑起点，对进一步深化社会责任感的研究具有重要作用和意义。

二、社会责任感的内涵和本质属性

对责任感的内涵进行界定之前，首先要对责任进行科学的理解和界定。对责任的理解通常可以分为两个方面。一是指分内应做的事，如职责、尽责任、岗位责任等。二是指没有做好自己工作，而应承担的不利后果或强制性义务。责任的内涵相当丰富，古今中外众多学者都有相关论述。我国古代传统文化中，"责"和"任"一开始没有连用，但相关

---

① 程东峰：《责任伦理导论》，北京：人民出版社2010年版，第28页。

论述中包含着丰富的思想。如儒家思想所极力宣扬的仁、义、礼、智、信等都是对恪守封建纲常，严格履行社会责任的体现。

先秦文献中尚未出现责任一词，一般用"责"来表达责任的意思，又如《论衡·问孔》中："责小过以大恶，安能服人。"① 其中，"责"翻译成现代文字的意思是指未能做好分内之事所必须承担的责罚。"责""任"二字连用形成一词最早见于《新唐书·王珪薛收等传》，其文曰："观太宗之责任也……洞然不疑。"② 这里的责任，从语言学角度来看，是一种使动用法，意为使人担当起某种职务和职责。相同的表述还有《元史·武宗纪一》，其文曰："是以责任股肱耳目大臣，思所以尽瘁赞襄嘉犹，朝夕入告，朕命惟允，庶事克谐。"③；《续资治通鉴·宋英宗治平三年》，其文曰："陛下能责任将帅，令疆场无事，即天下幸甚。"④ 而宋代司马光笔下的责任已演变为分内应做之事，其所撰之《谏西征疏》曰："所愧者圣恩深厚，责任至重。"⑤ 可见，在宋代责任一词的现代汉语含义已具雏形，而到了明清时期，责任一词进一步接近现代汉语的含义，清人李渔的《玉搔头·止兵》中有："曾与老爷当面说过，内患不除，是老爷的责任。"⑥ 到了近代，梁启超认为："人生于天地间各有责任"，"自放弃责任，则是自放弃其所以为人之具也……一国之人各放弃其责任，则国必亡。"⑦ 这里关于责任的见解和用法，已与现代汉语

---

① 〔东汉〕王充：《白话论衡》，陈建初等译，长沙：岳麓书社1997年版，第327页。
② 黄新亚：《千古君臣梦：李世民、魏征评传》，北京：中国工人出版社1997年版，第169页。
③ 《标点本二十五史（九）·辽史、金史、元史》，郑州：中州古籍出版社1996年版，第94页。
④ 〔清〕毕沅：《续资治通鉴》，长沙：岳麓书社2008年版，第30页。
⑤ 王德保、徐利平：《千古传世美文·宋代卷上》，北京：九州图书出版社1999年版，第385页。
⑥ 〔清〕李渔：《传奇精选》，北京：光明日报出版社1997年版，第185页。
⑦ 梁启超：《饮冰室合集》（第2册），济南：山东人民出版社1996年版，第74页。

十分接近。

在西方文化中,"责任"的词根为拉丁文的"respond",意思是指"我作答",即允许一件事情对另一件事情的回答。早在古希腊时期,波西多纽的《责任论》就已问世。苏格拉底把责任看作是"善良公民"对国家和人民服务所应具备的本领和才能。① 同时,苏格拉底在他提出的"美德即知识"命题中说道:"如果你以不光彩的方式逃离这个地方……你生前将遭到我们的憎恨。"② 苏格拉底以自己的实际行动践行了他原始契约责任,即以美德为基础,强调个人与城邦的契约,并要求个人无条件地履行这种由于契约所产生的责任,是对责任的深刻了解和认识。英国科学家培根把责任理解为维护整体利益的善,他指出,"力守对公家的责任,比维护生存和存在,更要珍贵得多。"③ 并把责任分为对国家的公共责任和对个人的职业和地位有关的特殊责任。康德作为德国古典哲学的创始人,非常推崇责任的价值。他首次把责任置于伦理学的核心地位,初步构建了义务伦理学的框架。认为"每一个有道德价值的人都要有所承担。"④ 萨特作为存在主义的代表人物,也提出关于责任的论述,认为:"人由于命定是自由把整个世界的重量担在肩上;他对作为存在方式的世界和他本身是有责任的。"⑤ 奥地利心理学家维克多·弗兰克尔认为,每个人都被生命询问,而他只有用自己的生命才能回答此问题,只有以"负责"来答复生命。因此,"能够负责"是人类存在最重要的

---

① 李尽晖:《当代大学生道德责任教育研究》,陕西师范大学大学博士学位论文,2009年,第31页。

② 余灵灵:《苏格拉底的最后日子——柏拉图对话集》,上海:上海三联书店1988年版,第106页。

③ 周辅成:《西方伦理学名著选辑》,北京:商务印书馆1964年版,第552页。

④ 〔德〕康德:《道德形而上学原理》,苗力田译,上海:上海人民出版社1986年版,第6页。

⑤ 〔法〕萨特:《存在主义是一种人道主义》,周煦良、汤永宽译,上海:上海译文出版社1987年版。

本质,由此,责任在西方文化中的含义,特别是近代西方哲学对责任的理解和表述与今天对责任的解释基本是一致的。

在中国,《现代汉语词典》对责任的诠释最为权威,有两层含义:一为"分内应做的事";二为"没有做好分内应做的事,因而应当承担的过失"。① 从这两种解释可以得出,责任存在一种关系属性,体现的是在社会环境中人与人、人与社会之间的某种关联,从积极角度而言,责任指的是责任主体自觉对于自身角色所对应的社会责任的认识、理解和履行。从消极角度来说,责任是责任主体未能按照自身角色而完成社会任务所自觉担负的后果。

尽管上述对于责任的解释已经进行了较为详细的阐述,然而,对责任内涵的理解还不够深刻,要全面深刻把握责任的内涵还应该从马克思主义的角度进行更深层的理解。马克思对人的本质问题的科学回答在某种程度上揭示了责任的本质。对人的本质,马克思在《关于费尔巴哈的提纲》中明确指出,"人的本质不是单个人所固有的抽象物,在其现实性上,它是一切社会关系的总和。"② 也就是说,人是社会关系的产物,人的本质在于其社会性。正如马克思所说"人是只有在社会中才能独立的动物"③。人不可能孤立地生存和发展,社会是个人生存和发展的基础,而且在社会活动中,"每个人是手段同时又是目的,而且只有成为他人的手段才能达到自己的目的"④。这就是说,人的本质的社会性就要求人在社会活动中在考虑自身物质精神需要的满足(目的)的同时,还要考虑到社会、集体、他人的物质精神需要的满足(手段),即人在承担起自身生存发展的责任的同时,还要对他人、对集体、对社会负责。

---

① 中国社会科学院语言研究所词典编辑室:《现代汉语词典》,北京:商务印书馆1996年版,第1574页。
② 《马克思恩格斯文集》第1卷,北京:人民出版社2009年版,第505页。
③ 《马克思恩格斯文集》第8卷,北京:人民出版社2009年版,第6页。
④ 《马克思恩格斯全集》第31卷,北京:人民出版社1998年版,第357页。

可以说，对人来讲，责任不是先天产生的，而是后天形成的，是人们在从事生产劳动的过程中处理人与人之间的关系时产生的。

（一）实践活动是责任产生的历史前提

人类在改造自然和征服自然的过程中产生了实践活动，因此实践是人的"自由自觉的活动"。而人与人、人与集体、人与社会、人与自然这多种关系也恰恰是在大量具体的生产实践中形成的，没有了实践活动，就不存在各种各样的社会关系。在现实生活中，社会成员扮演着多种角色，自身的职责各有不同，要想使社会实践活动能够取得效果，就必须要使活动中的每一位成员肩负起自身的责任，只有如此才能确保实践活动的最终效果。有了实践活动才有了人与社会，人类创造的世界必须要通过实践来实现，实践活动同时也促使人本身的产生，是对于人进行整体塑造的过程。由于人的思维能力的不断提升，由人所创造的社会规则由此产生，因此社会的各项实践活动得以顺利地开展，规则的产生会极大地促进人的责任意识的形成，责任在这种社会实践活动的促使下应运而生。可以说，实践活动是责任产生的历史前提。

（二）社会关系的存在是责任产生的客观基础

论及责任时，马克思有一段经典论述："作为确定的人，现实的人，你就有规定，就有使命，就有任务。"① 这里所讲的任务、使命指的是社会成员所必须要承担的历史使命和重大责任。从马克思的论述中我们可以得出，无论人是否能够意识到自己所要肩负的责任，责任本身都不会因为人的意志而转移，责任是客观存在的，是由人与社会之间的必然联系而产生的。具体来说产生责任的基础是什么？是人的需要抑或是社会

---

① 《马克思恩格斯全集》第3卷，北京：人民出版社1960年版，第329页。

关系？这两方面是否都能够成为责任产生的必要条件？人的需要是基于社会的发展而产生的，也是必须要从社会的给予中获得满足，人也只有在获得他人的认可的基础上，才能在一定的社会关系中满足自身的精神与物质的需求，这也就意味着人必须要在社会关系中来满足自身的各种需要。由此可以看出，社会关系是人实现自身需求的前提条件，客观存在的社会关系是责任产生的基本条件。

（三）自我意识的发展是责任产生的主观条件

恩格斯曾经指出："人离开动物愈远，他们对自然界的作用就愈带着经过思考的、有计划的、向着一定的和事先知道的目标前进的特征。"① 这就是人区别于动物的自我意识的产生。生命的不断进化产生了人的自我意识，这也是人区别于动物的重要标志。原始人最初的意识并不是真正意义上的自我意识，仅仅是作为"集体的自我意识"存在于原始社会中，极低的社会生产力促使原始人自发形成了以集体为单位的组织，这些组织共同对于自然界施加作用从而维系自身的生命。正如马克思所说，"部落始终是人们的界限，无论对其他部落的人来说或者对他们自己来说都是如此"②。因此，在原始社会中，社会成员并没有个体、自我和独立的概念，他们的意识只能称之为是"集体的自我意识"，在这种意识的影响下原始人达到了"无我"的状态。但是时间推移到原始社会后期，由于社会的雏形逐渐产生，社会分工与私有制开始出现，存在于原始社会后期社会关系中的人们相互间产生了更为复杂的关系，人们开始有了"自我"与"他人"意识。由此开始，人的自我意识形成，由于人的自我意识的产生，因为利益而造成的人与人之间的矛盾随之出

---

① 〔德〕恩格斯：《自然辩证法》，于光远等译，北京：人民出版社1984年版，第303页。

② 《马克思恩格斯文集》第4卷，北京：人民出版社2009年版，第112页。

现，人们期望通过有效的调节来实现人与人之间关系的和谐，在这种期望的促使下产生了责任。生产力的发展促使人调节自身与他人之间关系的能力逐渐增强，自我意识也得到了发展，此时人的责任也开始多元化和复杂化，从这一点来说，责任的产生需要自我意识的发展作为先决条件。

对于责任感的含义，《现代汉语词典》是这样界定的："自觉地把分内的事做好的心情。"① 与此相类似的，学者刘世宝指出："责任感是指个体对自己在承担人类社会和自身发展的责任中作出的行为选择、行为过程及后果是否符合内心需要而产生的不同态度的情感体验。"② 段志光认为："责任感是指个体对自身在人类社会和自我发展中所承担的责任的一种意识。"③ 王民忠认为："责任感是个体对其所感知的对象负有使命的自觉意识和情感体验。"④ 崔乃鑫也认为："责任感是指社会群体或者个人在一定社会历史条件下所形成的为了建立美好社会而承担相应责任、履行各种义务的自觉意识和情感体验。"⑤ 他们都将责任感界定为一种情感体验。与此不同，孙秀玲则认为："责任感作为一种社会情感，是在一定社会认识的基础上逐渐培养起来的，也是社会化的结果。"⑥ 她将责任感界定为一种价值观和人生信仰；王旭辉则将前面对责任感的两种认知相结合，认为"责任感是指个人对自己和他人，对家庭和集体，

---

① 中国社会科学院语言研究所词典编辑室：《现代汉语词典》，北京：商务印书馆1996年版，第1574页。

② 刘世宝：《责任感的心理学界定及心理实质》，载《中国德育》，2005年第12期，第30页。

③ 段志光：《大学生社会责任感研究中的理论问题探讨（上）》，载《山西高等学校社会科学学报》，2000年第2期，第54页。

④ 王民忠：《论大学生责任感培养》，载《思想教育研究》，2007年第12期，第8页。

⑤ 崔乃鑫：《大学生社会责任感缺失的原因和教育对策》，载《现代教育管理》，2010年第5期，第111页。

⑥ 孙秀玲：《对大学生社会责任感培育与重塑的理性思考》，载《甘肃社会科学》，2008年第5期，第228页。

对国家和社会所负责任的认识、情感和信念,以及与之相应的遵守规范、承担责任和履行义务的自觉态度。"① 他不仅将责任感定义为一种信念,并将其扩展为一种自觉的态度。

结合上述学者对于责任感的不同解释,本书认为,责任感属于道德感的范畴,是社会个体所拥有的一种品质,是个体在社会实践和个人发展过程中所要履行和承担的责任意识,是对自身在道德实践中完成道德目标情况是否符合道德要求的一种精神感知。社会个体拥有了责任感,才会用自己所持有的道德评价来衡量自身道德责任的履行情况,在自我行为满足了道德要求时,个体会产生愉悦的心情感受,反之,则会产生消极和失意的歉疚情绪。因此,缺乏责任感势必会对个体道德的成长产生消极影响。责任感具有很强的时代性和客观性,同时也具有一定的强制性,此外,自律性和实践性也是责任感明显的特征。责任感的分类按照责任活动的范围来看,可分为民族责任感、社会公德责任感、政治责任感、文化责任感、经济责任感以及职业责任感等等。而按照责任的主体进行归类,大体可以归纳为个人责任感、集体责任感以及社会责任感。从责任的客体角度来分类则可以分为对人类自身、对国家、对集体以及对社会的责任感。

结合责任感的基本内涵分类以及特征,可以看出社会责任感指的是社会成员在日常生产和生活中所形成的调节自身与他人、社会以及自然关系的行为活动与价值评判,是一个人心理倾向和个人道德品质的集中体现。社会责任认知指的是责任主体对于自身所必须要承担的社会角色所应然履行责任内容的了解、体会和感悟,是社会成员形成社会责任感的重要条件。一个人生活在社会中,首先必须要明确自身必须要承担的责任,并对于这些责任拥有一个正确的了解。狭义的社会责任情感指的

---

① 王旭辉:《大学生诚信教育与社会责任感的培育》,载《宁夏师范学院学报(社会科学版)》,2009年第10期,第128页。

是责任主体责任认知形成之日起到践行责任行为产生这一过程中的情感变化和体会，这种情感变化和体会是社会责任感形成的内在动力。情感因素在责任感的形成中发挥着重要的作用，责任感归根到底是一种以情感为主的个性心理品质，它以爱心、同情心、良心等为基础。社会责任意志是责任情感的升华，是责任主体自觉克服各种来自责任主体内部和外部的阻力而使责任得以贯彻的心理过程，它是社会责任感形成的保证。责任意志能促使主体自觉地将自己的责任知识、责任情感转化为实际行动，在行动中通过坚强的信念和意志力控制自己的情绪和其他心理倾向，坚持不懈地克服遇到的困难和挫折，使其责任感始终保持稳定性和一贯性。社会责任行为是主体责任感的外在表现形式，是责任主体在正确的责任认知、愉悦的责任情感、坚定的责任意志的支配下，在实践活动中自觉主动地承担责任的一种实际行动，它是社会责任感形成的标志，也是责任主体具有社会责任感的综合体现。社会责任行为是最终衡量主体社会责任感的重要标志，社会责任行为体现了主体的责任认知是否到位、责任情感是否强烈、责任意志是否坚定，而这些内容必须要通过行动表现出来，社会个体才能称之为拥有社会责任感，否则，责任主体的社会责任感是无从体现的。

社会责任感是社会个体对于自身社会责任履行程度和成果的判断、总结的心理过程，从这一角度出发，社会责任感带有一定的主观性，体现为责任主体的主观意识和反映。此外，根据马克思主义的观点，人的价值也可以分为社会价值与自我价值两种，判断一个人社会责任感的程度，必须要将其行动置于广泛的社会中去评定，因此，社会责任感的内容是客观的。人的本质的社会性决定了社会责任感从本质上来说是社会关系的产物，是人们在长期的生产生活实践中结成的人与人、人与社会、人与自然的关系的基础上产生的。从价值角度讲，社会责任感的本质是主体对待人的价值问题，是一个人的世界观、人生观和价值观在社会中的具体体现。

三、社会责任感的主体和客体

主体与客体是说明人们在进行认识活动和实践活动时使用的一对范畴。主体是认识活动和实践活动的始动者，客体是主体认识活动和实践活动指向的对象和被动者。主客体关系问题，是马克思主义实践哲学的中心问题之一，也是正确了解社会责任感的基本前提。在马克思主义看来，在认识过程中，主客体具有交互性。认识必须以客体为前提，以主体的认知目标、认知方式及价值评价为标准对客体进行评估和选择。同时，认识又以客体为依据，在认识的过程中不能离开客体来实现主体的认识，认识必须符合主体的需要。因此，主客体之间是相互影响、相互制约、相互促进，是一种交互性的制衡关系。在实践过程中，主客体之间也具有交互性，表现在主体改造客体的实践过程中，主体通过自身实践活动将主体的观念转化为客观的物质过程，实现主体客体化。同时，由于主体在改造客体过程中，也不断改造自身，使主体认识逐步提高，主体逐步适应客体，实现客体主体化。

主客体之间的关系引申到社会责任感方面，社会责任感就是通过主客体之间的关系来实现价值选择的一种价值取向。社会责任感主客体关系是围绕具体责任实现而产生的主客体关系。社会责任感的主体具有广泛性，既包括个体的人，又包括社会群体和社会共同体，但从本质上讲，社会责任感强调的仍然是主体人的社会责任感，社会责任感最终落脚点仍然是完全具有社会责任能力的人。个人主体依不同标准可划分不同类型的个人主体。比如，按照年龄来划分，可分为婴儿、儿童、少年、青年、中年、老年等；按照社会法律来划分，可分为公民、法人和自然人等；按照职业划分，可分为工人、农民、医生、护士、商人、军人、学生、公务员等;按照传统伦理关系划分,可分为君主、臣民、父母、子女、丈夫、妻子、姐弟等。而社会责任感的客体也具有广泛性,是主体工作和服务的对象,是社会责任主体的对应者,也是责任效果的直接体现者。主要包括自然环境方面的客体、社会方面的客体,如:国家、民族、社会、集体等,个人方面的客体,如职业、教育等方面的客体。社会责任感的主客体之间的关系是辩证统一的,是实践的关系、认识的关系,亦是价值实现的关系,两者相互联系、相互制约、相互支持。

辩证唯物主义认识论认为,人对客观世界的认识是主体作用于客体的反映,也就是主体有意识地去接触客体,从而引起主体对客体的反映。在主体与客体的相互联系和影响下,实现主体对客体的改造和认知。人的主观能动性的发挥是实现主体对客体的改造和认知的前提和基础,这要求在人与客观世界的互动中,尊重客观规律,深入挖掘人自身的积极能动性,加强人作用于自然界的能动性,从而实现人与自身、与自然、与他人、与社会的和谐共存。另外,社会责任主体的责任能力还要在实践中体现出来。实践作为马克思主义理论的核心与基石,是人类独有的一种对象性活动,它构成了人类的生存方式,是人类社会发展的基础和动力。"在实践中,人既是创造价值的主体,又是责任的主体。"①因此,主体在认识到自身应承担的责任时,还要通过实践去实现。所以,作为社会责任感的主体的人要提高自身的社会责任认知,丰富社会情感、增强社会责任意志和社会责任行为能力,以在人类的认识活动和实践活动中,承担起对人类生存和发展的责任。

本书以青年这一特定社会群体为研究主体对象,以与青年社会责任感相关的国家、民族、社会和他人为研究客体对象,探究青年的社会责

---

① 田秀云、白臣:《当代社会责任伦理》,北京:人民出版社2008年版,第83页。

任感、从而深入了解青年这一群体的面貌和特征，进而培养出符合社会要求的社会责任主体。

四、社会责任感的特点和功能

社会责任感是对理性规律的尊重而产生的行为必要性，具体来说就是人们对责任内容的自觉意识和体验，或者说是责任主体对责任客体的需要的自觉意识和体验。有了社会责任感，就能使主体主动承担起其应有的社会责任，进而推动人类社会的发展，所以，社会责任感具有一定的功能。社会责任感的功能是指社会责任感对个体和社会等所发挥的积极的有利的作用或影响。在了解社会责任感功能之前，有必要对社会责任感的特点进行分析，社会责任感的特殊性决定了其功能具有如下特点：

第一，客观性。社会责任感不但具有主观性，还具有特殊的客观性。社会责任感是人类特有的现象，自人类诞生以来，社会责任感便是一个客观存在并伴随着人类社会的发展而发展变化，在社会发展中表现出自身的价值。人类生活的实践的客观性决定了社会责任感功能的客观性。社会责任感对人的成长和社会发展的影响和作用是客观存在的，人们只能影响这种功能发挥的水平和程度，而不能无视它或人为地消灭它。社会责任感功能的发挥还会受到一定的环境因素和物质设施等客观条件的制约，这也是社会责任感功能客观性的一种体现。

第二，多方面性。社会责任感的功能不是单一的，而是多方面的，这是由于社会责任主体和客体的复杂性决定的。主体的复杂性是指社会责任感的主体的人具有复杂性，可以分为不同年龄、不同职业、不同群体的人。客体的复杂性是社会责任感作用对象的复杂性，可分为个人、家庭、集体、社会、国家、民族、全人类等。

第三，发展性。从功能角度来讲，社会责任感本身的功能是动态的，伴随着社会的不断发展而产生新的改变，社会责任感的功能也不断发生变化。一方面它的某些功能会得到强化和发展，另一方面还可能会出现新的功能。在中国特色社会主义和全面建成小康社会进程中，社会责任感会随着时代和社会发展而不断调整变化。发展性使社会责任感的功能不断得到强化，也使社会责任感的地位和作用日益凸显。

根据社会责任感的属性和特点，我们可以把社会责任感的功能大体分为以下几种：

第一，导向功能。导向功能指运用教育、启发、鼓励以及动员等多种引导方式，将社会成员的行为与思维向着社会发展所需要的正确方向上引导，这在一定程度上体现出社会责任感本身的超越性与目的性。在当前我国全面深化改革的关键阶段，人们的价值取向越来越多样化，如何使人们的价值观和思想向着积极健康的方向发展，是社会责任感的一个重要任务。社会责任感通过启发人们对社会责任的认知，了解社会发展的方向，明确自身对他人、家庭、国家、民族及人类责任的重要性，使人们在社会责任感的导向下，关心他人的幸福和家庭的美满、热爱祖国和心系民族、坚持人类的可持续发展，从而使人的思想朝着社会要求的方向发展。

第二，约束规范功能。约束规范功能指通过一定的社会责任的约束和规范，促进社会成员对于社会责任的认同，使社会成员的行为与思想满足社会规范的约束要求。良好的社会秩序需要社会成员遵守一定的社会规则，社会责任感运用弘扬传统道德品质、褒奖文明健康行为、批判与社会要求相违背的行为和思想的方式，对人的思想和行为进行约束规范，使人们明白哪些事情可以去做，哪些事情不能做，把人的思想和行为引导到正确的轨道上来。如果一个社会缺失社会责任感的约束规范，那么这个社会将陷入无序混乱的状态，每一个人的发展也会受到损害。

在日常生活中，社会个体的一切活动都必须要遵循一定的社会规范。社会责任感是人与世界联系的一种方式，通过社会责任感的约束规范，使人懂得如何处理人与自然、人与社会、人与人之间的关系，因此，约束规范功能在社会责任感功能中占据着重要的地位。

第三，凝聚功能。凝聚功能指社会责任感使人们发自内心地产生一种向心力、归属感，进而激发全体社会成员的凝聚力。社会责任感通过运用文化的感召力强化主流价值观的吸引力和认同感，从而使人们在这种主流价值观的引导下紧紧团结在一起，生成强大的凝聚力量。从历史上看，中华儿女正是秉着对国家和民族高度的责任感，为了维护国家的统一和民族的团结，与侵略者英勇战斗，才有了可歌可泣的英雄事迹，正是因为这种社会责任感的凝聚，中华民族虽历经磨难但仍然紧紧团结在一起。新中国成立后，也正是出自对国家和民族振兴的责任感，全国人民在中国共产党的领导下，艰苦奋斗、披荆斩棘，使我国社会主义现代化建设事业长期以来保持着蓬勃发展的态势。

第四，激励功能。激励简而言之可以解释为"激发"和"鼓励"，就是通过不同方式的刺激，促使人们能够积极向上，努力拼搏。人的行为的激励不仅要有物质激励，还要有精神激励，物质激励和精神激励是相辅相成的。马克思说过："人们为之奋斗的一切，都同他们的利益有关"[1]。邓小平也曾明确指出："如果只讲牺牲精神，不讲物质利益，那就是唯心论。"[2] 社会责任感的激励功能体现为通过社会责任感的引领，使人们的积极能动性被激发出来，为社会成员进一步开创社会主义建设事业新纪元创造良好的精神条件。社会责任感通过榜样激励、情感激励、意志激励等各种手段和方法，强化人们的社会责任感，使人形成一种自觉的、能动的精神状态，并在实践活动中显示出来，并向着共同的

---

[1] 《马克思恩格斯全集》第1卷，北京：人民出版社1995年版，第187页。
[2] 《邓小平文选》第二卷，北京：人民出版社1994年版，第146页。

目标而努力，进而升华为强大的精神动力。

第五，塑造个体人格功能。"人格，是指人的性格、品格及资格的总和。"① 所谓塑造个体人格功能，指的是对个体人格与修养的塑造和完善的功能。相比于我国社会发展的各个时期，当前社会更加具有复杂性、开放性和多元性，社会成员要想适应社会的发展，就必须不断地进行自我提高，不断地完善自身的人格和修养。而社会责任感的重要功能之一就是能够重塑社会成员的主体人格，运用社会责任感培养，能够有效地带领社会成员明确自身作为社会主体的地位和价值，了解自身对于社会的发展所必须要承担的责任，从而促使人们正确地认识自我与社会之间的关系，提高自身适应环境、改造环境、回报环境的综合能力。此外，社会责任感能够促使人们继承我国优秀的传统文化，从思想的局限中挣脱出来，用一种积极向上的精神状态，充分地开发自身的潜质与能力，从而实现人格的升华。

总之，社会责任感是人自我发展和自我完善的一种特殊的精神力量，能使人形成崇高的思想精神境界和积极健康的心理品质，形成正确的世界观、人生观和价值观，以满足社会不断发展的需要。

五、社会责任感的培养

研究社会责任感的目的在于培养和增强人们的社会责任感。加强人们的社会责任感培养，是促使人们自觉践行社会道德规范的重要途径，从这一点来说，高度重视社会责任感的培养是新时代我国开展社会主义道德建设的应然使命。社会责任感培养，是指有目的、有计划、有组织地通过一定的培养内容、培养方法和途径来培育和提高受教育者责任素

---

① 陈万柏、张耀灿：《思想政治教育学原理》，北京：高等教育出版社2007年版，第62页。

质的活动，从而使人们养成科学的社会责任认知、情感与意志以及较强的社会责任行为能力。当前，我们生活在一个主体性高扬的时代，历史上没有任何一个社会比当今社会的人们更加关注个人发展的利益，可以说当前的社会个人对自我责任的缺失不是重点，而是个人社会责任的弱化。因此，社会责任感的培养理应成为责任教育的重要内容。

当今，市场经济改革和社会转型带来的责任冲突越发激烈，如个人价值取向的冲突，个人与他人、集体、国家之间的利益冲突，社会群体之间的利益冲突，人与自然环境之间的冲突等，这些责任冲突一方面对和谐社会的建设发展不利，也给人的自身发展带来一定的伤害。因此，社会责任感的培养需要结合责任冲突产生的深层次原因，有针对性地开展社会责任感培养。第一，强化社会成员对社会责任的深刻理解。增强人们对承担社会责任与义务的内在自觉，社会责任感是建立在认知和理性基础上的，因此，促使社会成员养成践行社会责任感的自觉性是开展社会责任感培养的前提条件。其次，提高人们履行责任和承担责任的意志。坚强的意志是顺利完成责任履行行为的基本保障，因此，加强社会成员的社会责任感培养要增强人们的意志能力，同时，由于意志的自由是责任的前提，意志越是自由，人们就越能够担负起相应的社会责任，所以，加强人们的社会责任感培养还要提高人们的意志自由度。再次，提高人们履行责任和承担责任的情感。情感因素是人们对社会责任的感性需求，情感的强烈直接影响着人们对社会责任履行的情感高低，因此，加强社会责任感培养还要注重社会责任情感的培养。最后，提高人们履行责任和承担责任的行为。社会责任感的评价最终要通过责任行为体现出来，责任行为积极就表明主体的社会责任感符合要求，责任行为消极或者失落，就表明主体的社会责任感还有待提高。因此，加强社会责任感培养的重点是要培养人们履行责任和承担责任的行为。

此外，还需要建立健全各种形式的培养机制。机制是培养和增强人们社会责任机制上的保证,从社会学角度讲,机制是指事物各组成要素的相互联系及各组成要素组织和运行变化的规律。在任何一个系统中,机制都起着基础性的、根本的作用。社会责任感培养的机制是社会责任感培养各要素的内在本质联系,是贯彻于社会责任感培养全过程中相互协调、相互促进的各种因素所构成的运行体系。如动力机制、运行机制、保障机制、评价机制等,通过建立健全各种形式的培养机制,来促进人们社会责任感的增强和提高。

第三节　新时代中国青年的群体情况与特征

青年是人一生中的重要阶段,既具有人的一般本质属性,又具有自身的时代特征,也具有明显的群体分类。因此,研究新时代中国青年社会责任感要立足于新时代中国青年独特的时代特征,对这一群体的概念、年龄及思想特征进行深刻的分析,全面把握新时代中国青年社会责任感和培养的内涵,为进一步深入研究奠定理论基础。

一、新时代青年的含义

新时代青年从字面解读,即是新时代的青年。然而,新时代青年的概念并不能简单地以新时代作为定语、形容词来解释。习近平总书记强调:"青年兴则国家兴,青年强则国家强","中华民族伟大复兴的中国梦终将在一代代青年的接力奋斗中变为现实",深刻地表明了新时代青年不仅仅是一个群体,更是一种强大的力量,是砥砺奋进新时代的力量,是开创未来的力量,是担当构建人类命运共同体的力量。新时代青年是富有朝气和梦想的青年，他们拥有坚定的理想和扎实的本领。他们勇于创新创造，不断锤炼高尚品格，志愿为实现中国梦的生动实践而贡献青春、贡献智慧。因此，新时代青年是富有活力和创造能力的群体，是走在时代前列的人群。新时代青年拥有敢为人先的锐气，他们具有担当时代责任的意识，勇于砥砺奋斗，并具备良好的道德修养。新时代青年成长和发展处于黄金时代，处于各自人生发展中的转折阶段，他们以学习为主导，以实践为指向，以责任和担当为动力，为追寻中华民族伟大复兴而努力奋斗，是马克思主义的时代传播者，是新时代中国特色社会主义的推进者，是追求中华民族伟大复兴的追寻者和开拓者。

二、新时代中国青年的群体概况

我国拥有世界上最为庞大的青年人口群体，根据《中国青年人口和青年发展统计报告（2018）》发布的相关数据得知，截止到2016年，我国"青年人口数量约为43300万人"[①]。虽然根据以往数据显示，我国青年人口数量有所下降，但是青年人数的绝对数量还是占很大的比例。

随着我国社会经济的发展，青年群体的分类越来越细化，当前，主要分为青年知识分子、创业者、农民工以及工人等等。其中，伴随着我国教育体制的深化改革，城乡免费义务教育全面实现，适龄青年的受教育面扩大，青年受教育程度普遍提高。特别是高等教育扩招以来，高等教育迈向普及化，青年大学生的数量急剧增长，到2010年我国高等教育毛入学率已经达到59%，一些发达地区甚至实现了普及化。同时，我国职业教育和职业培训规模不断增大，青年出国数量持续增长，新时代中国青年整体文化素质有了很大的提高。

---

① 邓希泉、李倢等：《中国青年人口和青年发展统计报告（2018）》，载《广东青年职业学院学报》，2018年第4期，第5页。

我国城镇化的快速发展也对青年的人口分布和群体形成产生了深远的影响。最为明显的是随着城镇化的发展，出现了青年农民工这一群体，青年农民工是由农村青年发展而来。根据第五次全国人口普查的结果，我国农村青年人口占全国青年总人口的一半左右，农村青年的发展境遇以及综合素养直接关系到我国社会发展的稳定与和谐。随着我国城镇化进程的加快，越来越多的农村青年加入到农民进城务工的队伍中，为推进城镇化进程做出了很大的贡献。

随着我国市场经济的发展，社会转型的加深，新时代中国青年就业方式出现了多样化，这为青年大学生选择就业提供了多方面的机会。新时代中国青年就业不再局限在某一领域或者某一行业，而是根据自身的特点进行多方面考虑和选择，进而延伸出当今在城市非常流行的青年白领、创业者以及青年工人等多种全新的青年群体类型，这些青年对社会的进步和发展产生了深远的影响。值得注意的是由于受各种因素的影响，青年的失业现象还比较严峻，在一定程度上不利于社会的和谐稳定，阻碍了青年身心健康的发展。

同时，新时代中国青年的身体健康总体状况引人担忧。新时代中国青年虽然在饮食、卫生等方面具有相对优越的条件，但是新时代中国青年的运动素质持续下降、心智与运动体质发展不平衡、视力不良居高且日益低龄化、营养过剩导致部分青年过于肥胖、青年职业病患病人数大幅增加、青年吸烟低龄化日趋明显、青年心理素质脆弱、神经系统疾病低龄化等导致青年"亚健康"状态者不断增多。最令人担忧的是新时代中国青年社会责任感出现一定的缺失，责任认知缺乏、责任情感淡薄、责任意志薄弱和责任行为失落等，导致青年社会责任感与社会要求产生了一定的脱钩，这十分不利于我国全面建成小康社会的进程和青年自身的全面发展。

此外，随着我国社会公共政策的日益健全，为青年参与提供了更为广泛的渠道和更为广阔的空间，青年组织和青年社团发展呈现良好的态势。新时代中国青年作为一支重要的社会力量，同过去相比，在有序参与的广度和深度上，比以往任何时期都显得更为积极活跃。而且根据有关部门统计，全国稍具规模的青年组织至少在 200 万个以上，参加的青年约有一亿人。青年组织的迅速崛起和蓬勃发展，成为新时代中国青年社会组织成长的显著特点，呈现出以下几个特点和趋势：

第一，覆盖面日趋广泛且组织架构呈现趣缘性、小型化和多样化；第二，青年组织的地位和作用日益提升且参与领域不断扩大；第三，组织人员流动多变中涌现青年社团领袖和社会活动精英；第四，网络青年组织成为青年组织创新的主导趋势；第五，青年组织和青年社团的国际化趋势愈益明显；第六，共青团与青年社团组织之间新的合作机制和工作格局正在形成。①

三、新时代中国青年的特征

马赫列尔是罗马尼亚青年问题研究中心的研究员，也是世界上第一位提出比较完整的青年学体系《青年问题和青年学》著作的学者。其中，马赫列尔关于青年本质的理论对当今青年教育具有重要的借鉴价值。

在研究青年的本质问题时，马赫列尔认为青年本质问题的研究要在一般人论模式基础上，即马克思主义人论模式基础上揭示青年存在的整体性和统一性以及青年主体的各种表现形态。青年学所要表达的本质内涵要对有关青年的事物和问题具有一般的含义，同时也要基本使用于丰富多彩的青年和青年现象，能够对其千变万化、复杂纷纭的个别性和多

---

① 安国启、邓希泉：《新世纪中国青年发展报告（2000—2010）》，北京：光明日报出版社 2012 年版，第 104—106 页。

样性进行阐释。因此,"青年的本质对于青年学来说是青年在不同的宏观和微观社会结构、文化、民族、阶级、社会群体、个体、个人以及社会各个发展阶段范围内特殊地表现出来的内在规定性,是能够反映青年和青年现象根本性质并根据时间和地点的变化而有不同的具体形式的'类结构'。"①

马赫利尔认为,青年的本质主要有两个基本的规定性:目的性取向和社会与时间二重性。前者是把青年同时间空间联系起来,后者是把青年同社会空间联系起来。

目的性取向是从人与时间领域关系的角度来阐明青年的特殊创造性,说明青年的意识和行为对于未来的一种趋向性、预设性。这种特性也是人的一种本质,但是在青年人那里则更集中更突出地表现出来。目的性取向实质上就是人们通常所说的理想。从青年主观方面看,青年对于未来具有极大的热情,对生活总是满怀激情和充满理想;从青年客观方面看,青年具有面向未来的条件,对于比较年轻的年龄群体来说,在固有年龄与选择、实现未来状态角色之间有比较大的距离。同时,青年时期自由选择度比较大,青年拥有完全活在部分地改变选择的较大可能性。青年可以发现未来,发现人有能力根据自身目的和希望自觉地制定计划,做出选择和决策,并且为了实现计划而采取实际行动。青年是未来社会建设的主力军,他们能根据时代的发展要求,为社会的进步和发展注入新的活力。

社会——时间二重性是青年本质的第二个规定,马赫列尔认为与目的性一样,这两种双重性也是人的共同本质规定性,只不过青年表现更为强烈。青年社会的二重性是指青年作为特殊的社会实体同时具有两个社会领域——既属于同一代人,又属于另外一些属性和识别标识(民

---

① 孙志强、魏宏纯:《青年研究基础理论概要》,沈阳:辽宁大学出版社2011年版,第72页。

族、阶层、地域等）各不相同的社会群体。青年一方面属于他们的一代，也就是青年群体具有共同的身体、心理群体特征，同时，他们当中又表现出不同的社会属性，这种不同社会属性把青年划分为不同的社会群体。社会二重性在空间结构上表现出青年的可塑性，这也意味着青年可以被塑造成对社会有用的人，如果在不利的社会条件中，青年的社会二重性往往转化为青年的边缘性，容易使青年与社会产生对立，造成其主体性的丧失、处境的孤立、本质的异化，由此导致青年主体性的迷失。青年时间的二重性是指青年的两个时间领域，即过去——经验领域与未来——发展领域的不对称性。青年时间的二重性不但显示出青年强烈的展望性和计划性特征，而且体现了青年从童年世界向成人世界的过渡特征。马赫列尔认为，这种时间结构所表现出来的过渡对青年以外的年龄只具有次要意义。青年的过去和未来，是一种特殊的过渡状态，他们由依附走向独立，由他律走向自律，由模仿走向选择，由主观计划设想走向行动和创造，他们是由社会以外的一个世界走向社会之中的一个世界。青年期是人生观、世界观、价值观形成的最重要时期，处在人的个性和社会关系形成的十字路口。正是由于这一分界线，青年的过去与未来、经验与发展之间的不对称才显示出根本的意义。青年期的过渡性为社会塑造符合社会发展的人才、提供社会积极变革的最活跃力量提供了必要性和可能性。

　　马赫列尔的青年本质论虽然在一定程度上还存在缺陷，如在人论模式与青年"类结构"之间缺乏确定性界限，忽视对青年主体内部矛盾的考察等，但是马赫利尔作为第一个研究青年本质的学者，开创性地提出许多对青年教育有借鉴价值的思想和方法，并为我们今天加强青年社会责任感的培养提供了重要的理论依据。

　　"青年"一词于19世纪正式得到确立，在此之前，世界上不同的国家对青年人有着不同的称呼，在我国对于青年也有着多种叫法，比如

"后生""少年"以及"郎"等等。五四运动之后，我国开始逐渐使用"青年"来形容年轻人。针对青年开展相应的学术研究，重点要分清青年的概念和年龄界限，这是进一步深化研究青年社会责任感的前提和基础。

关于青年的概念，到目前为止，还没有形成一个完全明确的定论，学术界对青年的界定还相对模糊，但是当我们的研究转入定量研究青年社会责任感时，必须界定和澄清青年的相关概念，青年作为一个特殊的**社会群体**，不仅正处在身体发育的时期，也是心理逐渐成熟的时期，同时也是**逐步摆脱依赖**、寻找并确定自己独立地位、担负起应有社会责任的时期。

关于青年的年龄界限，是青年研究中一个相当重要又极为困难的问题，至今尚无定论，而且将来也难有定论。当前关于青年的年龄界限存在着诸多的分类，联合国于1985年设立国际青年节，首次将青年界定为15至24岁之间的人；联合国世界卫生组织把青年定为18至44岁的人；联合国教科文组织把青年定为16至34岁的人。中国国家统计局把青年定为15至34岁的人；2004年3月，中共中央、国务院发布的《关于进一步加强和改进未成年思想道德建设的若干意见》中对未成年人的规定是18岁以下。青年与青少年有一定的区别，青少年是属于青年早期。各个学科对青年在年龄上的划分大致有如下几种：

从人口学角度看，为方便人口统计，以人在青春期发育的正态曲线分布为基础，联合国教科文组织把青年的年龄界定为15到25岁。从法学角度看，把法的意识形成作为划分青年与少年儿童之间的界定因素。青年涉及法律问题一般规定为18岁。从心理学角度看，认为青年期划分的标准在于个人是否能自觉将社会组织规范内化到个人意识和行为中，其分界年龄在14岁左右。从社会学角度看，社会学意义上的青年期是指人的成长在生理上、心理上达到成熟的时期，年龄一般从14岁到 20 岁左右。

应该指出的是以上对青年年龄界限的划分，是根据各自研究的需要出发的，并且也都有一定的科学依据，但这些划分也有一定的局限性，只限定在各自组织和各个学科的范围内。由此可知，我们不可能对青年的年龄进行统一的界定，而应该把青年年龄划分的标准看作是一个动态的、多维的和有所侧重的，在实际研究中，根据研究的具体情况进行界定。本书为方便研究，选取15岁到30岁之间的青年为研究对象，这一时期的青年虽然不能囊括青年的全部，但这一时期的青年从生理和心理方面具有典型的代表性。

15岁到30岁之间的青年处于生理和心理趋于成熟的阶段。第一，在身体表象方面，15岁前后是青年早期阶段，是青年身体急剧变化的时期，在身高、体重、胸围等方面都在增长；在身体机能方面，神经系统、肌肉力量、肺活量等不断增强；身体素质方面，速度、耐力、力量等都有提高；内分泌方面，各种激素相继增量，生殖器官及性功能也迅速成熟，人体大部分器官的机能也渐趋成熟和健全，并接近成年人。青年人身体的成熟和完善为青年人以后学习和工作，从事繁重的体力和脑力劳动奠定了物质基础。第二，在心理方面，在青年早期，青年的心理特征比较明显，性格具有双重性，既有时表现出孩子气，又有时想模仿成人的表现；对异性的交往往往敏感、好奇和害羞。随着年龄的增长，青年对自身的内心生活和内心世界越来越感兴趣，并表现出强烈的自我意识；情绪体验具有两极性，心境逐步增强，情感具有外漏性和封闭性；情感逐步向高级社会性发展，道德感、理智感和美感等都有明显的社会性；意志行动的目的性日渐清晰，支配和调节自己行为的能力得到了发展；其世界观、人生观和价值观正处于形成阶段，具有很强的可塑性。但值得注意的是，在青年早期，青年的逆反心理较强，如果得不到正确的教育和引导，容易更加激化青年的情绪，导致逆反心理更加强烈，这十分不利于青年身心的健康发展。到了青年后期，是青年完成成人化的阶段，这一时期，青年的自我意识彻底成熟，成人感不断增强，心理趋于定型，基本完成自身的社会化，从而使自身越来越接近成人社会的标准。青年人心理的成熟为青年人将来履行成年人的责任和义务奠定了思想意识基础。

社会的发展产生了青年这一社会群体，社会环境与时代旋律决定着当时的青年拥有怎样的精神面貌。新时代中国青年成长的背景是改革开放的时期，成长在这样一个具有崭新特点的新时期，新时代中国青年必然具有新的时代特征。新时代中国青年与以往青年相比具有明显的特征，主要体现在：第一，思想活跃。新时代中国青年的思想受改革开放和社会转型的影响，呈现出敢于思考、勤于思考、思想活跃的特征。第二，求实精神和反对形式主义情绪强烈。受西方文化以及市场经济追求效益思想的影响，新时代中国青年体现出了向往个人价值、追求实际效益的思想动态。第三，拥有强烈的参与意识。新时代中国青年群体有着远大的理想和努力实现自我价值的美好愿望，同时，新时代也为青年广泛参与政治、经济、文化、社会、生态等建设创造了更多机会。新时代中国青年在各个领域以"天下兴亡、匹夫有责"的主人翁精神，积极参与，发挥作用。第四，创新意识较强。青年作为创新的主要主体，有着先天的创新能力，在当前面临的新情况和新问题形势下，新时代中国青年表现出较强的创新意识，对以往腐朽陈旧的思想和观点持批判态度。第五，全球意识增强。随着全球化进程的加深，使身处其境的青年群体在外来文化的影响下，思维更加开阔，更为关心全球化发展趋向，关心全人类的发展方向等，无不体现了新时代中国青年较强的全球意识。

当然，新时代中国青年的思想也有许多值得注意的地方，受各种因素的影响，还存在着应当引起高度关注的问题，第一，政治理想和热情淡化，社会主义理想信念缺失。第二，实用主义和功利主义倾向明显，拜金主义和享乐主义侵蚀新时代中国青年的思想。第三，盲目信奉西方社会思潮，不加选择地接受西方价值观，使其思想逐渐被西化。第四，价值取向由社会化转向个体化，在社会与个人发生矛盾冲突时，不再一味坚持社会优先性，而是转向了个人优先性，过分强调个人利益，对集体和国家利益的关注程度开始下降。第五，在思想方法上，偏重横向观察，忽视纵向观察；偏重微观感受，而忽视宏观把握。这些问题严重影响了青年的全面发展，也不利于青年社会责任感的形成和发展，需要加以引导和教育，为青年社会责任感培养奠定良好的个体思想基础。

第四节 新时代中国青年社会责任感的界定与培养的内涵

一、青年社会责任感的界定

新时代中国青年社会责任感从本质上讲就是新时代中国青年对其责任对象的自觉意识和体验，也是青年对自己在承担人类社会发展责任中的情况是否符合内心需要而产生的情感体验。新时代中国青年的社会责任感包括自我和他人的责任感、家庭和社会的责任感、国家和民族的责任感、全球和生态的责任感等。因此，新时代中国青年社会责任感有狭义和广义之分，从狭义角度讲，新时代中国青年社会责任感是指新时代中国青年自我之外的他人和社会、国家、民族及全人类的社会责任感。从广义角度讲，新时代中国青年社会责任感还包括自我的责任感，作为社会的一分子，理应对自己负责，努力实现自身的全面发展，进而成为社会有用之才，所以从这一种角度讲，也是对社会负责的一种表现。这样，自我责任感也变成社会责任感的一部分，并对社会责任感起着重要的作用。一个积极正确的社会责任感是建立在个体人格独立、自我责任感健全完整的基础上的。一个人如果不对自己负责任，很难想象他会有很强的社会责任感。

"自我"就其个性而言，是与"他我"相区别的一个概念，虽然自我作为概念规定与他我相区别，具有排他性，但绝不能把"自我"理解为排他的，从而与"他我"对立起来。恰恰相反，个人自我的成长奋斗及自我价值的实现，都离不开社会和他人，并是在一定的社会关系中实现的。反过来，一定的社会需要和引导，向个人发出一种信号，即社会需要什么样的人，这与个人追求的价值和目的之间的关系是既矛盾又相互统一的。正是从这个意义上讲，个人价值和目的的实现必须和社会保持统一性，即自我和社会的统一是一个双赢的概念，个人在为他人、社会和人类谋利益和福利中实现自我价值和个人理想。

作为社会性行为的自我责任感，它广泛包含了自我作为行为主体对作为客体的自我责任感。新时代中国青年的自我责任感主要包括对自己身体、人格、心理等发展的责任感，有健康的身体、健全的人格和心理，具备正确的世界观、人生观和价值观，重视在学习、生活、择业等方面的责任感，使自己逐步发展成为对社会有用的人。新时代中国青年对他人、对社会、对国家和民族的责任感是自我责任感的升华，一个人的自我价值最终体现在对社会的价值方面，因此，新时代中国青年社会责任感具有双重性，两者相互促进，相辅相成。一方面，只有对自我负责，才能很好地对社会负责，另一方面，只有对社会负责，才能体现一个人的价值。由此，我们认为：关怀自我生命、自我人格、自我幸福、自我价值；关怀他人幸福、家庭幸福和社会幸福，关怀国家和民族发展，关怀全球和人类可持续发展，都是新时代中国青年要具备的社会责任感。

二、新时代中国青年社会责任感培养的内涵

新时代中国青年社会责任感培养就是培养新时代中国青年的内心社会责任感,即以青年为培养对象进行的以"负责任"为核心的思想政治和道德品格教育。通过培养当代新时代中国青年对自己负责的人生态度,逐渐强化当代新时代中国青年对国家、对民族、对社会、对他人的责任感,其最终目的是培养青年的责任意识并将责任意识转化为责任行为,使其成为对社会负责任的人。教育者用社会所要求的道德责任规范,通过责任感培养活动去影响新时代中国青年,使新时代中国青年在行为中自觉选择道德行为,并使之成为道德行为选择的内在动力。强调社会责任意识感,是为了使新时代中国青年更加清晰地认识到自身所肩负的历史使命,从而更加自觉地履行应尽的义务,成为一个真正负责任的人。青年社会责任感培养已经成为世界道德教育的新观念和新趋向,并已引起人们的广泛关注和重视。

当前,新时代中国青年社会责任感培养应当坚持以促进新时代中国青年的责任认知,激发新时代中国青年的责任情感,提高新时代中国青年的责任能力,形成新时代中国青年的责任行为,促进新时代中国青年的综合全面发展,成为新时代中国青年社会责任感培养的最高目标。

新时代中国青年社会责任感培养过程可以分为两个基本阶段:内化阶段和外化阶段。内化阶段是将责任规范转化为个体的责任意识,促进新时代中国青年的责任认知,激发新时代中国青年的责任情感,完成由客体向主体的转化。外化阶段是将责任意识转化为责任行为,从而影响或改变客观环境,完成由主体到客体的转化。

新时代中国青年社会责任感培养要围绕以青年个体、情境、活动

为中心，同时区别于传统德育活动的以教师、教材、课堂为中心，尊重青年自为性、自主性、能动性，发展青年的主体意识，实现从"灌输"到养成的转变。此外，根据责任感培养过程包含的教育者、道德责任规范、教育活动和受教育者四个因素，在培养过程中，要注重处理好这四个因素的关系，解决相互之间的矛盾，凸显责任感培养的本质。

第五节　新时代中国青年社会责任感培养的理论依据

正确的理论依据体现了认识活动和实践活动的科学性。马克思主义经典作家关于青年与社会的关系学说以及党关于青年教育的思想是其培养的基本依据，习近平总书记关于青年社会责任的重要论述是新时代中国青年社会责任感培养的根本依据。

一、马克思关于人的本质和人的全面发展理论

关于人的本质思想，马克思在《黑格尔法哲学批判导言》中第一次提出关于人的本质的观点："批判的武器当然不能代替武器的批判，物质力量只能用物质力量来摧毁；但是理论一经掌握群众，也会变成物质力量……对宗教的批判最后归结为人是人的最高本质这样一个学说……"[①] 并认为把人从神性中解放出来，是人的本质的深度复归，即"人以一种全面的方式，也就是说，作为一个完整的人，占有自己的全

---

① 《马克思恩格斯文集》第 1 卷，北京：人民出版社 2009 年版，第 11 页。

面的本质。"① 马克思在《1844年经济学哲学手稿》中，又对人的本质做了较为明确和系统的表述。"一个种的全部特性、种的类特性就在于生命活动的性质，而人的类特性恰恰就是自由的自觉的活动。生活本身却仅仅成为生活的手段。"② 通过异化劳动理论来探讨人的本质，提出人的本质"类本质"概念，第一次提出劳动是人的内在本质的观点。1845年，在《关于费尔巴哈的提纲》中，马克思进一步提出："人的本质不是单个人所固有的抽象物，在其现实性上，它是一切社会关系的总和。"③ 这是人的本质的科学论断，马克思关于人的本质是社会关系总和的论断首次将人的本质现实化，是从人的进化和发展的科学视角对人的本质进行的深层拷问和回答，为考察人的本质提供了辩证的思维方法。马克思关于人本质的理论显示出人本身的最根本特点，即人是一种社会存在物，人是唯一以社会性为自身基础和根本特色的存在物。同时，马克思人的本质论指出人的本质是一个过程，而不是一种状态，人的本质是历史、具体、发展的，必须把人放在特定的历史条件下和具体的社会关系中来考察，人不仅是自然存在物，更是社会存在物，人的本质只能通过自己后天的实践创造活动获得。

关于人的全面发展思想，马克思提出了一系列观点和论述。首先，马克思从提高人的素质能力方面论述了人的全面发展。马克思明确指出，"任何人的职责、使命、任务就是全面地发展自己的一切能力，其中也包括思维的能力。"④ 其次，马克思从人的群体本质方面论述了人的全面。马克思指出："社会关系的含义在这里是指许多个人的共同活动，至于这种活动在什么条件下、用什么方式和为了什么目的而进行，则是

---

① 《马克思恩格斯文集》第1卷，北京：人民出版社2009年版，第189页。
② 《马克思恩格斯全集》第42卷，北京：人民出版社1979年版，第96页。
③ 《马克思恩格斯文集》第1卷，北京：人民出版社2009年版，第505页。
④ 《马克思恩格斯全集》第3卷，北京：人民出版社1960年版。

无关紧要的。"① 马克思在《经济学手稿（1857—1858年）》中指出："个人的全面性不是想象的或设想的全面性，而是他的现实关系和观念关系的全面性。"② 第三，马克思从人的个体本质论述了人的全面发展。马克思指出，未来的新社会是比资本主义更高级的社会，"以每个人的全面而自由的发展为基本原则的社会形式。"③ 马克思人的全面发展理论表明了人的全面发展不但是个人、类的全面发展，还是人的个性的自由发展和需要的多元化、层次化发展，也是人的素养以及能力的多维度发展。另外，人的全面发展也可以理解为人的社会关系全面化和普遍化的发展。马克思主义哲学从人的全面发展出发，研究的最终归宿仍然是人的发展问题，这是马克思主义哲学的最高价值取向。

马克思关于人的本质和人的全面发展理论实现了关于人的理论的革命性变革，是今天我们坚持以"人是社会关系的总和"为立足点，以"以人为本"为根本原则，实现人全面发展的理论渊源，也是我们加强新时代中国青年社会责任感培养的根本理论依据。

二、马克思主义经典作家关于青年与社会关系学说

马克思主义经典作家关于青年与社会关系的学说主要指马克思、恩格斯与列宁对青年与社会关系提出的观点与立场。18世纪中叶产业革命发生之后，由处于人生发展特定年龄阶段的人所组成、作为生产预备队的一个特殊群体逐渐得到社会确认，用来指称这一特殊群体及其成员的具有现代意义的"青年"概念逐步形成，并在西欧社会开始广泛流行，

---

① 《马克思恩格斯选集》第1卷，北京：人民出版社1995年版，第80页。
② 《马克思恩格斯文集》第8卷，北京：人民出版社2009年版，第172页。
③ 《马克思恩格斯文集》第5卷，北京：人民出版社2009年版，第683页。

其具体内涵也随着特定历史时期的社会关系性质和状态的变化发展而不断丰富。马克思和恩格斯作为科学社会主义的创立者，生活在资本主义生产方式得到长足发展、无产阶级革命运动风起云涌之际。在历史唯物主义的指导下，从职业选择、培养教育、权利保护、恋爱婚姻等方面进行研究和论述，充分肯定了青年在社会历史发展中的社会价值、历史地位。虽然马克思和恩格斯尚未明确提出关于无产者青年的概念，但是，他们关于工人阶级后代和童工未成年工的一些论述与青年有着直接的关系。马克思认为，在变革社会的进程中，青年是一支重要推动力量，并指出："最先进的工人完全了解，他们阶级的未来，从而也是人类的未来，完全取决于正在成长的工人一代的教育。"① 1845 年，恩格斯在谈到德国工人运动时说，"实现这一变革的将是德国的青年。但是这种青年不应该在资产阶级中去寻找。德国的革命行动将从我们的工人当中开始。"② 恩格斯在致《国际社会主义者大学生代表大会》的信中，希望出席大会的大学生努力提高觉悟，要在大学生队伍中造就出同体力劳动者并肩战斗的脑力劳动无产阶级，以适应无产阶级在即将来临的革命中掌管政治机器和全部社会生产的需要。马克思、恩格斯高度评价了青年在社会进步和历史发展中的地位与作用，揭示出青年这一特定群体具有理想性、积极性、开拓性、未来性和继承性、过渡性、成长性、可塑性等质的规定性，并把青年看作是社会主义、共产主义革命与建设事业的重要力量，要求高度重视对青年的组织与培养。

列宁继承和发展了马克思、恩格斯青年与社会关系的思想，从怎样理解青年的社会价值和地位、怎样建设青年的组织、怎样培养和教育青年、怎样确定青年的基本任务四个方面探讨了有关于青年思想政治教育的问题，进一步促进了马克思主义青年理论的完善。

---

① 《马克思恩格斯全集》第 21 卷，北京：人民出版社 2003 年版，第 270 页。
② 《马克思恩格斯全集》第 2 卷，北京：人民出版社 1995 年版，第 629 页。

关于如何认识青年的作用与地位，1906年12月，列宁在《孟什维主义的危机》中明确指出："在我们革命政党中青年占优势，这难道不自然吗？我们是未来的党，而未来是属于青年的。我们是革新者的党，而总是青年更乐于跟着革新者走。我们是跟腐朽的旧事物进行忘我斗争的党，而总是青年首先投身到忘我斗争中去。"① 1920年10月2日，在俄国共产主义青年团第三次全国代表大会上，列宁发表著名演说《青年团的任务》，评价了青年的社会地位和历史作用，指出："真正建立共产主义社会的任务正是要由青年来担负"②，为20世纪社会主义青年运动的发展指明了共产主义的光辉前景。

关于如何教育和培养青年，列宁认为，应该明确青年教育和培养的目的，充分发挥党在青年教育培养中的作用。1920年10月，列宁在《青年团的任务》中指出："我们需要详细论述的问题，就是我们应当教给青年什么；真正想无愧于共产主义青年称号的青年应当怎样学习；以及应当如何培养青年，使他们能够彻底完成我们已经开始的事业。"③ 此外，列宁进一步提出："必须更广泛和更大胆地、更大胆和更广泛地、再更广泛和再更大胆地吸收青年参加工作，不要对青年不放心。"④

关于如何实现青年的组织，列宁发挥作用提出了自己的设想，他在《关于对待青年学生的态度问题的发言》中指出，"今后的实际任务就是让青年组织起来时靠近我们的委员会"。⑤ 在1905年3月《新的任务和新的力量》中，进一步要求党的组织和社会民主党人要"让所有这样的小组或者直接加入党，或者靠近党。……这些靠近党的小组就会首先成

---

① 《列宁全集》第14卷，北京：人民出版社1988年版，第161页。
② 《列宁选集》第4卷，北京：人民出版社1995年版，第281页。
③ 《列宁全集》第39卷，北京：人民出版社1986年版，第294页。
④ 《列宁全集》第9卷，北京：人民出版社1987年版，第228页。
⑤ 《列宁全集》第7卷，北京：人民出版社1986年版，第295页。

为社会民主工党的民主主义的助手,然后又成为它的具有坚定信念的成员。"①

关于怎样确定青年的基本任务,列宁认为青年必须要担负建设共产主义社会的任务,青年最主要的任务是不断学习,实现自我提高。列宁指出:"全体青年的任务,尤其是共产主义青年团及其他一切组织的任务,可以用一句话来表达:就是要学习。"②他进一步指出:"做一个青年团员,就要把自己的工作和精力全部贡献给公共事业。这就是共产主义教育。只有在这样的工作中,青年男女才能培养成真正的共产主义者。只有当他们在这种工作中取得实际的成绩时,他们才会成为共产主义者。"③列宁特别要求青年团员作为青年团这个"突击队"中的一分子,应当具有无私的奉献精神,自觉投身于革命与建设事业。

马克思主义经典作家十分重视青年教育工作,把促进青年的全面发展作为青年教育工作的核心主旨。为我们今天加强青年教育提供了认识论和方法论,也为加强新时代中国青年社会责任感的培养提供了基本理论依据。

三、马克思主义经典作家关于青年教育的思想

青年是国家的未来,是民族的希望,是社会主义现代化建设的生力军,我们的党和国家始终高度重视青年在社会中的地位和作用,并把青年教育放在国家建设的重要位置。

毛泽东十分重视青年,关注青年的教育。他始终关注青年问题,系统论述青年在革命中的先锋性和桥梁作用、在建设中的创新性和突击队

---

① 《列宁全集》第10卷,北京:人民出版社1987年版,第38页。
② 《列宁选集》第4卷,北京:人民出版社1995年版,第281页。
③ 《列宁选集》第4卷,北京:人民出版社1995年版,第294页。

作用，形成了毛泽东青年教育思想。首先，在青年的重要性方面，在新民主主义革命时期，毛泽东就把青年视为革命事业的未来，热烈地寄希望于青年。1939年毛泽东在五四运动二十周年纪念会上作了题为《青年运动的方向》的讲演，指出："中国反帝反封建的人民队伍中，有由中国知识青年们和学生青年们组成的一支军队。这支军队是相当的大……目前就有几百万。这支几百万人的军队，是反帝反封建的一个方面军，而且是一个重要的方面军。"① 1957年11月17日，毛泽东在莫斯科接见中国留学生时说："世界是你们的，也是我们的，但归根到底是你们的，你们青年人朝气蓬勃，正在兴旺时期，好像早晨八九点的太阳，希望寄托在你们身上。"② 无论在战争年代，还是社会主义建设时期，毛泽东总是把青年人的培养教育置于重要位置。其次，关于青年的教育目标，毛泽东提出，青年要德智体全面发展，并具有创新精神。1957年2月，他在《关于正确处理人民内部矛盾的问题》的报告中，提出"我们的教育方针，应该使受教育者在德育、智育、体育几方面都得到发展，成为有社会主义觉悟的有文化的劳动者。"③ 毛泽东非常重视青年的思想自由、思想创新，鼓励青年具有"狂妄精神"，要敢想、敢论、敢做，认为："青年是整个社会力量中的一部分最积极最有生气的力量。他们最肯学习，最少保守思想，在社会主义时代尤其是这样。"④ 再次，关于青年教育的内容，毛泽东强调青年应该把坚定正确的政治方向放在第一位，树立正确的世界观、人生观，并鼓励青年学好科学文化。他提出"不论是知识分子，还是青年学生，都应该努力学习。除了学习专业之外，

---

① 《毛泽东选集》第二卷，北京：人民出版社1968年版，第566页。
② 《毛泽东选集》第二卷，北京：人民出版社1968年版，第530页。
③ 中共中央文献编辑委员会：《毛泽东著作选读（下）》，北京：人民出版社1986年版，第780页。
④ 中共中央办公厅编：《中国农村的社会主义高潮（下）》，北京：人民出版社1956年版，第959页。

在思想上要有所进步，在政治上也要有所进步，这就需要学习马克思主义，学习时事政治。没有正确的政治观点，就等于没有灵魂。"① 他还认为与工农相结合是青年成长的必由之路，青年要加强自我思想改造，树立无产阶级的世界观。青年应该用科学文化来武装自己的头脑，要多读经世致用之学，博采百家之长，力求"积文成学"。最后，关于青年的教育途径，毛泽东十分重视加强对青年的实践教育。他认为学非所用只能培养书呆子，主张活读书，提出："培养革命后代，一定要让他们到实际斗争中去锻炼，一定要让他们去经风雨、见世面，在大风大浪里去锻炼自己。"② 毛泽东青年教育思想在新时代仍闪耀着灿烂光辉，对我国的青年教育理论和实践发挥了重要作用，是我党加强青年教育、把青年培养成中国特色社会主义接班人的重要理论法宝。

改革开放以来，邓小平、江泽民、胡锦涛等党和国家领导人分别从青年或青年工作的地位作用、社会特征、教育培养、信任爱护、组织领导等方面不断赋予马克思主义青年观以新的时代内涵，对青年社会责任感培养提出了诸多新论述和新论断，为新时代中国青年社会责任感培养提供了丰富的理论和实践依据。

邓小平进一步继承和发展了毛泽东同志青年教育思想。首先，邓小平十分重视青年的教育，早在1978年3月召开的全国科学大会上就指出："科学的未来在于青年。青年一代的成长，正是我们事业必定要兴旺发达的希望所在。"③ 在1979年3月告诫全党："我们一定要教育好我

---

① 中共中央文献编辑委员会：《毛泽东著作选读（下）》，北京：人民出版社1986年版，第780页。

② 《用毛泽东思想哺育革命后代——纪念"六一"国际儿童节》，载《人民日报》，1966年6月1日，第2版。

③ 《邓小平文选》第二卷，北京：人民出版社1994年版，第95页。

们的后一代。"① 在 1992 年南方谈话中,再次提出:"帝国主义搞和平演变,把希望寄托在我们以后的几代人身上。我们这些老一辈的人在,有分量,敌对势力知道变不了。但我们这些老人呜呼哀哉后,谁来保险?所以,要把人民和青年教育好。"② 其次,在青年教育目标方面,邓小平根据时代发展的客观要求,并从中国青年的特点和肩负的历史使命这一实际出发,明确提出将青年培养成有理想、有道德、有文化、有纪律的社会主义新人的战略目标。1985 年 3 月,邓小平在全国科技工作会议上强调:"我们在建设具有中国特色的社会主义社会时,一定要坚持发展物质文明和精神文明,坚持五讲四美三热爱,教育全国人民做到有理想、有道德、有文化、有纪律。"③ 再次,在青年教育的内容方面,邓小平把加强理想教育,道德教育,科学文化教育,法纪教育,世界观、人生观和价值观教育,爱国主义教育等作为青年教育的主要内容。最后,在青年教育的原则方面,邓小平十分注重青年教育的原则,提出热情关心与严格要求相结合的原则、循序渐进的原则、理论联系实际的原则、疏导的原则、教育与生产劳动相结合的原则等。邓小平关于教育青年的思想,是我们在新时代开展青年社会责任感培养的重要指南。

江泽民继承和发展了党的两代领导核心的青年教育思想,形成了创新性的青年教育思想。首先,关于青年的历史地位和作用,1990 年 5 月,江泽民在《爱国主义和我国知识分子的使命》的讲话中指出:"青年是社会中最富有活力的部分,是我们事业的希望。"④ 提出:"青年是

---

① 《邓小平文选》第二卷,北京:人民出版社 1994 年版,第 177 页。
② 《邓小平文选》第三卷,北京:人民出版社 1994 年版,第 380 页。
③ 《邓小平文选》第三卷,北京:人民出版社 1994 年版,第 110 页。
④ 共青团中央、中共中央文献研究室:《毛泽东邓小平江泽民论青少年和青少年工作》,北京:中国青年出版社、中央文献出版社 2000 年版,第 235 页。

祖国的未来，民族的希望"①，并认为："从一定意义上讲，青年兴则国家兴，青年强则国家强，青年有希望，未来的发展就有希望。"② 2002年，他更明确指出："马克思主义政党只有赢得青年，才能赢得未来。"③ "广大青年是我们社会主义事业的接班人，是祖国未来的建设者。"④ 其次，在把青年培养成什么样的人问题上，江泽民指出："正确引导和帮助青少年学生健康成长，使他们能够德、智、体、美全面发展，是一个关系我国教育发展方向的重大问题。"⑤ 并根据时代的发展，进一步提出："我们必须全面贯彻党的教育方针，坚持教育为社会主义、为人民服务，坚持教育与社会实践相结合，以提高国民素质为根本宗旨，以培养学生的创新精神和实践能力为重点，努力造就'有理想、有道德、有文化、有纪律'的，德、智、体、美等全面发展的社会主义事业的建设者和接班人。"⑥ 第三，在青年教育方法和途径方面，他强调"要认真研究在改革开放条件下成长起来的新一代青年的特点，把握新的历史条件下做好青年工作的规律。要尊重青年的思想和性格特点，尊重青年个性健康发挥，促进青年思想和身心的健康发展。"⑦ 同时，江泽民强调："在

---

① 江泽民：《在纪念中国共产主义青年团成立八十周年大会上的讲话》，载《人民日报》，2002年5月16日，第1版。

② 共青团中央、中共中央文献研究室：《毛泽东邓小平江泽民论青少年和青少年工作》，北京：中国青年出版社、中央文献出版社2000年版，第324页。

③ 江泽民：《在纪念中国共产主义青年团成立八十周年大会上的讲话》，载《人民日报》，2002年5月16日，第1版。

④ 共青团中央、中共中央文献研究室：《毛泽东邓小平江泽民论青少年和青少年工作》，北京：中国青年出版社、中央文献出版社2000年版，第264页。

⑤ 共青团中央、中共中央文献研究室：《毛泽东邓小平江泽民论青少年和青少年工作》，北京：中国青年出版社、中央文献出版社2000年版，第328页。

⑥ 共青团中央、中共中央文献研究室：《毛泽东邓小平江泽民论青少年和青少年工作》，北京：中国青年出版社、中央文献出版社2000年版，第330页。

⑦ 江泽民：《在纪念中国共产主义青年团成立八十周年大会上的讲话》，载《人民日报》，2002年5月16日，第1版。

全社会形成爱护青年、关心青年、支持青年的良好氛围。"① "加强和改进教育工作，不只是学校和教育部门的事，家庭、社会各个方面都要一起来关心和支持。只有加强综合管理，多管齐下，形成一种有利于青少年学生身心健康发展的社会环境，年轻一代才能茁壮成长起来。"② 江泽民的青年教育思想对于青年教育工作者正确认清形势，做好青年工作，培养新世纪社会主义事业的建设者和接班人，以及青年正确认识自己，积极参与中国特色社会主义的伟大实践，都具有重大的指导意义。

胡锦涛在继承毛泽东、邓小平、江泽民青年教育思想的基础上，面对新的国情和世情，提出"要坚持育人为本、德育为先，把立德树人作为教育的根本任务，努力培养德智体美全面发展的社会主义建设者和接班人"③ 的青年教育理念；提出青年教育应坚持的"三个贴近"的原则，即"坚持以人为本，贴近实际、贴近生活、贴近学生，努力提高思想政治教育的针对性、实效性和吸引力、感染力，培养德智体美全面发展的社会主义合格建设者和可靠接班人"；④ 提出"四个新一代"的青年成才目标，即理想远大、信念坚定的新一代，品德高尚、意志顽强的新一代，视野开阔、知识丰富的新一代，开拓进取、艰苦创业的新一代；提出青年教育的"五个结合"的方法，即教育与自我教育相结合，政治理论教育与社会实践相结合，解决思想问题与解决实际问题相结合，教育与管理相结合，继承优良传统与改进创新相结合。胡锦涛还对青年大学生的社会责任提出论述，指出："加强和改进大学生思想政治

---

① 江泽民：《在纪念中国共产主义青年团成立八十周年大会上的讲话》，载《人民日报》，2002年5月16日，第1版。

② 共青团中央、中共中央文献研究室：《毛泽东邓小平江泽民论青少年和青少年工作》，北京：中国青年出版社、中央文献出版社2000年版，第329页。

③ 胡锦涛：《切实加强和改进大学生思想政治教育工作》，见中共中央文献研究室：《十六大以来重要文献选编（中）》，北京：中央文献出版社2006年版，第640页。

④ 《中共中央国务院发出〈关于进一步加强和改进大学生思想政治教育的意见〉》，载《人民日报》，2004年10月15日，第1版。

教育，要以理想信念教育为核心，深入进行树立正确的世界观、人生观和价值观教育，使大学生正确认识社会发展规律，认识国家的前途命运，认识自己的社会责任。"① 胡锦涛在庆祝清华大学建校 100 周年大会上的讲话进一步指出："要坚持把促进学生健康成长作为学校一切工作的出发点和落脚点，全面贯彻党的教育方针，坚持育人为本、德育为先、能力为重、全面发展，着力增强学生服务国家服务人民的社会责任感，勇于探索的创新精神，善于解决问题的实践能力，努力培养德智体美全面发展的社会主义建设者和接班人。"② 胡锦涛在庆祝中国共产党成立 90 周年大会上的讲话指出："全国广大青年一定要深刻了解近代以来中国人民和中华民族不懈奋斗的光荣历史和伟大历程，永远热爱我们伟大的祖国，永远热爱我们伟大的人民，永远热爱我们伟大的中华民族，坚定理想信念，增长知识本领，锤炼品德意志，矢志奋斗拼搏，在人生的广阔舞台上充分发挥聪明才智、尽情展现人生价值，让青春在为党和人民建功立业中焕发出绚丽光彩。"③

---

① 《中共中央国务院发出〈关于进一步加强和改进大学生思想政治教育的意见〉》，载《人民日报》，2004 年 10 月 15 日，第 1 版。

② 胡锦涛：《在庆祝清华大学建校 100 周年大会上的讲话》，北京：人民出版社 2011 年版，第 7 页。

③ 胡锦涛：《在庆祝中国共产党成立 90 周年大会上的讲话》，载《人民日报》，2011 年 7 月 2 日，第 1 版。

第三章　新时代中国青年社会责任感的结构、形成过程与规律

本章在对青年社会责任感内涵进行总结的基础上，提出新时代中国青年社会责任感的结构，主要包括青年对于自身、他人、家庭、社会、国家、民族、人类和世界等方面的责任感，并从社会客体因素的影响制约、主体内在思想矛盾的转化和主体自觉实践三个方面分析新时代中国青年社会责任感的形成过程。在此基础上，分析了新时代中国青年社会责任的形成规律，主要分为：知和行的统一、个体性和社会性的统一、自律和他律的统一。

第一节　新时代中国青年社会责任感的结构

根据青年自身的特点和时代与社会发展的要求，新时代中国青年社会责任感的基本结构包括其对自我和他人的责任感、对家庭和社会的责任感、对国家和民族的责任感以及对人类和世界的责任感。这些责任感从内容和逻辑上是相互促进、辩证统一的，共同构成了青年社

会责任感的结构。

一、对自我和他人的责任

自我责任指的是个体能够为自己负责，是对自身价值的一种肯定。新时代中国青年必须要先对自身负责，才能对他人负责，才能够承担起建设社会、富强国家的历史重任。青年的自我责任意识指的是青年在成长的过程中，对于自身的言行所产生的结果拥有清醒的预见和认识，也包括为自身的言行负责的自觉性和主观意识。

美国著名伦理学家优纳斯（H. Jonas）指出："深刻的自我责任意识是一切一切的根基，它构成了人的生存的意义。"[①] 这里的"自我"包括两个方面，即社会自我和生理自我。社会自我主要从人本身的社会属性来说，指的是处于社会中的人对于自我的一种认识。生理自我主要是从个体的自然属性而言，指的是个体对于自身的心理与生理的基本认识。因此，个体的自我责任主要包括人对自身和社会两方面的责任。人也只有理性、客观地对自身有一个正确的认识，才能够真正地理解何为自我责任。从生命角度来说，青年对于自身的生命体要承担责任，身心健康是青年维持生命体征的先决条件，健康的体魄是创造价值的基础，健康的心理则是人健全人格的基本保障。而从发展角度而言，青年必须要完善自身的内在结构，包括身心、知识以及能力结构等等。新时代中国青年要在确保身体与心理的和谐统一的基础上，掌握精深的专业知识和文化内涵，同时还要不断提高自身发现问题和解决问题的综合能力。

总体而言，新时代中国青年自我责任的内容可以总结为：自爱、自尊、自律、自强，其中自爱是青年自我全面发展的基础，自尊是青年发

---

① 甘绍平：《应用伦理学前沿问题研究》，南昌：江西人民出版社2002年版，第123页。

展的内部动力，自律是青年的行为规范，自强是青年自我全面发展的目标。青年自我责任四个方面是相互关联的。首先，自爱要求青年爱惜自己的身体、人格和名誉，要树立科学正确的生命观，具体来说在内容方面则包括爱惜生命，不断提升和挖掘生命的价值。具体讲就是保证良好的身体素质、养成健康的心理素质、保持自身人格的完整与和谐、建立良好的人际关系，培养正确的生命意识。其次，自尊表现为承认和重视自我，使自我在社会中的存在价值得以体现，喜欢和热爱自我的情绪以及接受自我的意向。自尊要求青年对自己要有正确的认识，拥有积极阳光的内心状态，用充满热情的精神风貌来看待社会现实，实现自我认识、自我评价、自我接纳和自我调控的统一。再次，自律表现为主体自觉地按照一定的要求，对自己的行为所产生的直接或间接的约束力。自律要求青年必须使自己的行为符合社会道德规范，树立良好的纪律和法制意识，提高法律素养和自律能力。最后，自强是人对自己能力和行为所产生的一种信任，一种对自我的认知感情，是行为主体对自己提出的内在要求，是对自爱、自尊和自律的升华。自强要求青年树立远大的理想，不断提高自身的思想道德素质、科学文化素质、心理素质等，使自身的社会实践能力以及创新能力得到良好的锻炼，制定科学合理的人生规划方案，力争将自己塑造成为一名未来社会发展所需要的合格建设者。

　　他人的责任是自我责任的提升，是在对自我负责的基础上，也对周围的人进行负责，是人与人之间保持和谐关系的桥梁和纽带。他人与个人相对，指在一定社会关系中与个人相关的其他个体。个人与他人的关系是相互作用、互为前提、二者缺一不可的个体间关系。人作为有意识的"自为存在者"而存在，决定了人必然要与他人发生多种多样的社会关系。马克思认为，人的本质是一切社会关系的总和，新时代中国青年不可能是单个人生活的，而是生活在一定的社会关系中，需要和他人进行交往、沟通与合作等。马克思还指出，没有无责任的权利，也没有无权利的责任，权利和责任是共同存在的。当个人对他人付出尊重、信任、理解、宽容、帮助……的同时，自我也会从他人那里获得尊重、信任、理解、宽容、帮助……换句话说，当我微笑面对他人时，他人也会回报我以微笑。

因此，新时代中国青年在对自己负责的同时，还要对他人负责，坚持以"明礼"作为人之道，以"诚信"作为人之本，在人与人交往中做到讲礼貌、明礼让，以诚信调节人与人之间的关系，做到人与人之间互不欺诈、坦诚相待，共同维系社会的正常秩序。同时还要坚持以"友爱、互助、团结、进步"为主要内容，其中，友爱就是对他人要关爱，关爱他人的身体、工作、生活等，使人得到被关爱的温暖。互助是人与人之间要有互助的精神，在遇到困难和挫折的时候，通过相互帮助一起渡过难关。团结是人与人之间要有团结的意识和精神，联合起来以完成共同目标。进步是通过对别人的帮助，促使别人不断地进步与发展。可见，新时代中国青年要具备"明礼、诚信"和"友爱、互助、团结、进步"的他人责任感，在为他人负责的同时，履行自我的责任，实现个人和他人共同进步和发展。

二、对家庭和社会的责任

家庭指的是在婚姻、血缘以及收养关系的基础上所产生的由亲属组合而成的基本社会单位，一个家庭的温馨和睦需要家庭成员共同努力，共同尽责。中华民族拥有五千年的悠久历史文化，中国更是一个以传统文化和道德精神为根基的礼仪之邦。中国社会高度重视社会成员道德情操的塑造，在中国传统的道德文化中，家庭伦理责任是非常重要的一环。同时，随着社会的发展，夫妻之间平等相爱的道德关系，父母抚养子女和子女赡养父母等也成为我国家庭伦理责任的重要内容，此外，我国古代思想家主张的"齐家"，在某种意义上，就是要求人人必须具有对家庭的责任感。正所谓："一屋不扫，何以扫天下"。在广泛的社会之中，家庭是最小也是最基本的单位，如果人未能践行家庭责任，那么就不能指望其更好地完成社会责任。

青年的家庭责任感是指青年在处理个人和家庭成员关系时所表现出来的价值评价和行为选择，体现着青年在对待与自己有血缘关系或者姻缘关系的亲属的一种责任心理。青年是社会群体的重要组成部分，其同时也是重要的家庭成员，青年本身属于家庭也属于社会，在家庭的角色中，青年在经济和情感等多方面都存在一定的依赖性，而在社会中，他们的独立性会得到一定的锻炼。然而，作为"社会人"，青年也应该而且必须具有较强的家庭责任感。因此，新时代中国青年不但要创造自身的社会价值，同时也要履行一定的家庭责任，实现自身的家庭价值。主要包括要养成良好的家庭美德、孝敬长辈、关爱兄弟姐妹、关心下一代、勇于承担婚姻责任等。青年只有拥有了自我责任感才能产生家庭责任感，也只有对自己负责、对家庭负责，才能实现对他人和社会负责。

青年的社会责任主要是指青年在社会建设中促进社会和谐、健康、有序发展的责任。当前我国正处于改革开放和社会转型的关键时期，各种社会矛盾和问题层出不穷，如屡见不鲜的食品安全问题、道德滑坡问题、贪污腐败问题等等，都是我国现今社会人情冷漠、社会责任感缺失的一个个缩影，这严重阻碍了我国的社会主义现代化建设。因此，新时代中国青年要勇于承担起应有的社会责任，树立良好的社会公德、培养高尚的社会责任感、弘扬中华传统美德、宣传真善美、贬斥假恶丑，倡导自由、平等、公正、法治的价值观、以自己的实际行动引导人们自觉履行法定义务、社会责任，不断促进社会和谐、健康、有序地发展。

青年的家庭责任与其所要承担的社会责任二者之间是相互统一的关

系，社会责任形成的前提和基础是家庭责任，青年只有积极承担起相应的家庭责任，才能在情感上对于社会产生深刻的认识和感悟。和谐、健康、有序的社会环境是家庭温馨和睦的必要条件，只有大的社会环境良好了，家庭环境才能得到保障。因此，青年对社会责任的履行从另一种角度讲也是家庭责任的深化和发展。

三、对国家和民族的责任

国家和民族作为人生存的最重要的两个共同体，对人类的生存和发展起着重要的影响和作用。地球上每一个人都有自己的国家和民族，脱离了国家和民族的人是没法生存的，也是不存在的。因此，从这个意义上讲，每个人都不能脱离国家和民族这两个共同体而独立存在。就如柏拉图所说："我们建立这个国家的目标并不是为了某一阶级的单独突出的幸福，而是为了全体公民的最大幸福。"① 换句话说，国家和民族兴旺发达，个人才能享受和平、安定和幸福的生活；如果国家动荡不安、民族不团结，个人必将流离失所，生活困苦。国家和民族的独立自强是个人生存和发展的坚强后盾，同时个人的生存和发展推动了国家和民族的发展。所以，个人与国家和民族之间的关系不仅仅是血脉感情的归属关系，还是对国家和民族意愿的服从关系，更是对国家和民族负责的关系。

青年的国家和民族责任从本质上讲就是青年的爱国主义和民族精神。中华民族有着五千年历史文明，中华民族爱好和平，勤劳俭朴，团结统一，在历史的锤炼中，形成了以爱国主义为核心的民族精神，无论是在革命战争时期还是在改革开放现代化建设时期，爱国主义与民族精

---

① 〔古希腊〕柏拉图：《理想国》，郭斌和、张竹明译，北京：商务印书馆1986年版，第133页。

神都是人民群众奋勇向前、积极开拓的重要精神支柱。爱国主义和民族精神是我国整体社会共同认同的精神文化，对于社会的和谐与发展发挥的作用是不可替代的。

　　为祖国和民族奉献一切的献身精神是中华民族的传统美德之一。在古代历史上曾涌现出许多著名的爱国者和民族英雄，如不畏强暴的晏婴，英勇抗击匈奴的卫青、霍去病，精忠报国的岳飞，"男儿到死心如铁"的辛弃疾，保卫北京的于谦，抗击倭寇的戚继光，横戈戍边抗清的袁崇焕，收复台湾的郑成功等，他们的爱国献身精神和民族精神至今仍具有巨大的精神感召力。特别是在近现代史上，中华民族遭到帝国主义列强疯狂侵略，面临亡国灭种危机时，中华儿女的爱国主义和民族精神更是越加激发，越发显示出它的战斗锋芒和精神力量。从孙中山、黄兴、邹容、秋瑾等资产阶级革命家到李大钊、毛泽东、周恩来、邓小平、刘少奇、朱德、彭德怀、董必武等无产阶级革命家，都继承了中华民族"以天下为己任"的爱国主义和民族精神的优良传统，将振兴中华和民族复兴的责任置于肩上。因此，新时代中国青年的国家和民族责任在继承我国优良传统精神的基础上，弘扬伟大的爱国主义和民族精神，同时，还要结合时代发展的要求，树立起现代化的爱国主义和民族精神。

　　在全球化时代，全球化与本土化的冲突、国家与国家之间的冲突、民族与民族之间的冲突，主权国家与跨国公司的冲突更加激烈，这要求新时代中国青年更加重视身上的国家和民族责任，坚持以爱国主义为核心，以热爱祖国为荣、以危害祖国为耻，把民族意识、民族品格、民族气质深深融入心中，增强青年的民族自尊心、自信心和自豪感。在新形势下，青年的国家和民族责任应该具备以下几种意识：首先，国家统一意识。国家的统一是一个国家繁荣富强的基本前提，只有国家统一、领土完整，才能实现民族与国家的团结。当前，我国除了台湾，基本实现了国家统一,十八大报告所指出,"解决台湾问题、实现祖国完全统一,是不可阻挡的历史进程。"① 因此,新时代中国青年应该具有国家统一意识,把实现祖国的统一作为自己的使命,努力为实现祖国的统一大业做出应有的贡献。其次,国家安全忧患意识。国家安全忧患意识是人们对国家和民族的命运、前途的牵挂和担忧,凝聚着人们炽热的爱国情感,表露出人们真挚的爱国情怀。在全球化时代,国家面临着诸多的新的安全隐患,有来自国防安全的隐患、科学技术安全的隐患、生态安全的隐患、意识形态安全的隐患、文化安全的隐患等。因此,新时代中国青年要有国家安全意识,积极应对各种威胁和挑战。再次,救亡图存意识。革命优良传统激励着一代代中华民族的优秀儿女为国家和民族的振兴而前仆后继。革命战争年代涌现出的井冈山精神、长征精神是百折不挠、自强不息的民族精神,体现了中华民族顽强的生命力。在社会主义建设时期涌现的雷锋精神、"两弹一星"精神、抗洪精神、载人航天精神、奥运精神、抗震救灾精神等体现了中华民族强大的新生力。因此,通过对新时代中国青年进行革命精神和现代精神的教育,在新时代中国青年中弘扬优良的革命传统,强化民族自救意识,提升新时代中国青年的国家和民族意识。最后,民族复兴的意识。十八大报告明确提出,建设中国特色社会主义"总任务是实现社会主义现代化和中华民族伟大复兴"。② 为全面实现中华民族的繁荣昌盛而奋发图强,这是新时代中国青年的神圣使命。因此,新时代中国青年要正确认识人类社会发展的规律,并正确认识国家和民族的前途与命运,坚持在中国共产党的领导下

---

① 胡锦涛:《坚定不移沿着中国特色社会主义道路前进 为全面建成小康社会而奋斗——在中国共产党第十八次全国代表大会上的报告》,载《光明日报》,2012 年 11 月 18 日,第 1 版。

② 胡锦涛:《坚定不移沿着中国特色社会主义道路前进 为全面建成小康社会而奋斗——在中国共产党第十八次全国代表大会上的报告》,载《光明日报》,2012 年 11 月 18 日,第 1 版。

坚定地走中国特色社会主义道路，为实现中华民族伟大复兴而努力奋斗。

四、对人类和世界的责任

随着全球化的不断深入，国际政治、经济以及文化格局都发生了一系列深刻变化，但和平与发展仍然是全世界人们公认的时代主题。从当前形势来看，世界各国在经济、政治、文化和社会生活等各个领域联系日益密切，相互影响、相互依赖的程度日益加深，国际力量对比朝着有利于维护世界和平方向发展。不同国家、地区、种族，不同文化背景的人们的交往日趋频繁，全球空间正在变"小"，并逐渐走向"地球村"，人类的生存环境越来越具有"公共"的性质，人类的相互依赖性不断增强，人类的共同利益也在增多。然而，在这一过程中，国际上仍然存在许多不安定的因素，包括国际金融危机的长久消极影响、全球发展的严重不平衡、个别国家的政治强权、粮食安全、能源紧张以及局部动荡等等，这些全球性的问题已经十分突出，同时生态环境恶化、国际恐怖主义、大规模杀伤性武器扩散、极端民族主义等更是日渐凸显。这些全球性问题的存在使整个人类的生存和利益面临着严峻挑战，任何国家和民族若无视全球问题中所包含的人类共同利益的存在，不仅会损害自身，而且要殃及整个人类社会。地球只有一个，是人类共同的家园，大量的历史教训告诫我们，和平才是发展的前提，稳定才能实现世界的共同繁荣。作为身在其中的青年不能是一个全球化的旁观者，应该积极让自己融入和适应全球化的趋势，面对全球化带来的种种问题和挑战，要有开放意识、和平意识、发展意识、合作意识、共赢意识、人类安全意识、生态环境保护意识等。

人是社会中的一员的同时，更是生态环境中的一员，自然应该承担起对生态环境的责任。对生态的责任感是指青年在处理人与自然关系时所表现出来的生态价值评价和行为选择,体现着青年对与人类同处于一个星球上的其他生命体的一种生态责任品质和心理倾向。当今生态环境保护意识,已经成为全球共同关注的话题。人类长期对自然过度的开发利用,给自然环境带来极大的创伤。同时,生态危机给人类的生存和发展造成了前所未有的严重威胁。进入21世纪以来,生态危机已成为全人类共同关心的一个非常紧迫而又非常棘手的全球性问题,层出不穷的极端生态危机使人类感到重大灾难即将临近。2007年底,联合国秘书长潘基文前所未有地高调警告:"世界正处于重大灾难的边缘!"但是,面对严重的生态危机,人们的生态意识仍然比较淡化、责任观念缺乏、造成责任伦理混乱的局面。树立生态责任感已经成为人类当前面临的重大任务。党的十七大提出了科学发展观战略,其基本要求就是全面协调可持续,实现人与自然的协调发展。而贯彻和落实科学发展观,一个重要的途径是提高全民生态责任,树立新型的生态责任意识。青年作为传承人类文明和推动社会发展的骨干力量,肩负着建设生态文明的历史使命,他们在生态问题上有什么样的意识,直接关系到人类生态文明建设的进程。一个拥有生态责任感的人必须要对于所依赖的大自然拥有敬畏的情感,要能够认识到人类是自然界的一员,并不是世界万物的主宰,要正确地认识到人与自然的依存关系,并拥有珍惜自然资源、保护生态环境的生态责任意识。青年群体一旦拥有了生态责任意识,则能够平等对待自然界的其他生命体,养成良好的低碳生活方式,珍惜自然界给予人类的宝贵资源,积极自觉地践行节约环保理念,促进人类社会的可持续发展。因此,提高青年的生态责任也是培养新时代中国青年社会责任感的重要内容。青年的生态责任又分为:生态自然责任、生态生产责任、生态消费责任、生态财富责任等,这些责任之间又是相互联系和辩证统一的,共同构成了青年的生态责任。青年也只有具备全面合理的生态责任，才能真正担负起促进人类社会可持续发展的责任。

近些年来，我国在大力推进"一带一路"过程中，与世界各国建立了良好的合作伙伴关系，为多国青年的文化与情感交流创造了良好的机遇。更多的国家因"一带一路"建设获得了利好，使和平与发展的时代主题更加鲜明。对此，习近平总书记指出："'一带一路'建设把沿线各国人民紧密联系在一起，致力于合作共赢、共同发展，让各国人民更好共享发展成果，这也是中方倡议共建人类命运共同体的重要目标。我们携手推进'一带一路'建设国际合作，让古老的丝绸之路重新焕发勃勃生机。新的起点上，我们要勇于担当，开拓进取，用实实在在的行动，推动'一带一路'建设国际合作不断取得新进展，为构建人类命运共同体注入强劲动力。"在纪念五四运动100周年大会上，习近平总书记再次强调了青年的世界责任问题，指出："青年是国家的未来，也是世界的未来。中国梦与世界梦息息相通，中华民族应该对人类社会作出更大贡献。新时代中国青年，要有家国情怀，也要有人类关怀，发扬中华文化崇尚的四海一家、天下为公精神，为实现中华民族伟大复兴而奋斗，为推动共建'一带一路'、推动构建人类命运共同体而努力。"[①] 在新时代背景下，青年对推进"一带一路"建设、构建人类命运共同体担当着神圣的使命，要求新时代中国青年要积极作为，打开视野，以更加高远的人类共同发展目标激励自我。新时代青年要奉行平等，树立绿色理念，为建设一个和平美丽的世界而积极努力。新时代青年要拥有共享、合作精神，为推进世界的和平发展发挥作用。新时代青年要手握创新，形成互鉴思维，以建设开放包容的世界为目标，面向世界，面向未来，以全球视野思考问题，以开放创新的思维、包容互鉴的心态，不断在世界领域传递出中国声音。

---

① 习近平：《在纪念五四运动100周年大会上的讲话》，北京：人民出版社2019年版，第18页。

第二节　新时代中国青年社会责任感的形成过程

关于人的社会责任感的形成过程，有两种对立的观点，一种观点被称为"内因论"，认为社会责任感是人的内在因素决定的，人的自身状态，如思想意识、行为习惯、兴趣爱好、价值取向等其他方面的情况是影响社会责任感形成的最重要因素。另一种观点被称为"外因论"，认为人的社会责任感是社会外在环境影响和教育的结果，而忽视人的内在因素。这两种观点的片面性是显而易见的。我们认为人的社会责任感的形成是主体在实践过程中主体和客体相互作用的结果。其过程是社会客体因素的影响制约、主体内在思想矛盾的转化和主体自觉实践的辩证统一过程。

一、社会客观因素影响制约过程

青年社会责任感的形成与其所处的社会环境密切相关，人是社会的存在物，个人从事的一切社会活动都是在"既定的，从过去继承的"环境和条件下进行的，正如恩格斯所说："人们自觉地或不自觉地，归根到底总是从他们阶级地位所依据的实际关系中——从他们进行生产和交换的经济关系中，吸取自己的道德观念。"① 马克思也指出："人创造环境，同样，环境也创造人。"② 马克思主义还认为：社会存在决定社会意识，社会意识是社会存在的能动的反映。"观念的东西不外是移入人的

---

① 《马克思恩格斯全集》第20卷，北京：人民出版社1971年版，第102页。
② 《马克思恩格斯文集》第1卷，北京：人民出版社2009年版，第545页。

头脑并在人的头脑中改造过的物质的东西而已。"① 青年社会责任感形成的深层依据是社会定向的价值观。社会定向价值观是新时代中国青年社会责任感认识成分中的核心内容，而社会定向价值观的取向取决于社会各种因素的需要。因此，青年社会责任感的形成离不开社会客观因素的影响和制约。

第一，从宏观上，青年社会责任感的形成受社会经济、政治、文化环境的影响和制约。其中，经济环境因素对青年社会责任感的形成和发展起着根本性的影响和制约作用，决定着青年社会责任感的取向和选择。当前我国正处于市场经济改革的关键时期，市场经济带来的利益多元化及给我国道德带来的冲击和挑战深刻影响着新时代中国青年社会责任感的形成。政治制度等环境直接影响着青年社会责任感的立场、观点和态度，而文化环境对青年社会责任感的形成和发展起着潜移默化的作用。

第二，从微观上，青年社会责任感还受其生活具体环境的影响和制约，如社会、学校、家庭等环境因素。社会上形形色色事件的复杂性和广泛性，对青年社会责任感的形成具有深远的影响，家庭作为青年成长和生活最长久的环境，对青年社会责任感的形成是不言而喻的，而学校作为受教育者接受教育的地方，对青年社会责任感的形成和发展具有指导性的作用和意义。此外，社会的其他因素也对青年社会责任感的形成和发展产生了较大的影响，如社会组织活动、社会群体之间的交往、现代大众传媒媒介的影响等，这些因素在青年社会责任感形成和发展过程中不可忽视。尤其是大众传媒影响的直接性和迅速性是其他因素难以相比的，应值得我们高度重视。

当然，上述影响青年社会责任感形成和发展的因素并不是孤立的，

---

① 《马克思恩格斯文集》第 5 卷，北京：人民出版社 2009 年版，第 22 页。

而是相互影响、相互促进的关系。其中，社会的经济、政治是决定性的社会因素，它们制约着其他因素的性质，和社会文化因素一起渗透到其他因素中并且通过其他因素影响着青年社会责任感的形成和发展。在实际生活中，这些因素是相互联系、一起发挥作用的，只强调一个因素对青年社会责任感形成和发展的作用是片面的、不科学的，因为人的社会责任感不会仅仅在一个因素的影响下就能形成。

二、主体内在思想矛盾转化过程

青年社会责任感的形成和发展除了受一定社会环境的影响和制约外，还要受到个人思想和心理的支配。恩格斯曾经指出："事实上，世界体系的每一个思想映象，总是在客观上受到历史状况的限制，在主观上受到得出该思想映象的人的肉体状况和精神状况的限制。"① 青年社会责任感的形成过程不仅仅是被动的接受影响，适应社会环境的过程，而是在社会环境的影响下，经过主观的努力使自己的责任认识、责任情感、责任意志、责任行为等得到发展的过程，是知、情、意、行的统一。

首先，责任认知是对社会责任感的认识，是人们对一定社会的责任关系以及关于这种关系的理论、原则、规范的理解和认识。青年社会责任感的形成和发展离不开一定的责任认识。认识是行为的先导，没有正确的认识，就难以产生正确的责任行为。因此，青年社会责任感形成的前提是要有一个正确的责任认知，通过责任认知去了解社会责任的本质、内涵和作用等，进而为下一步的行为提供相应的认识基础和思想指导。其次，责任情感是对责任的情感，是人们在履行社会责任表现出来

---

① 《马克思恩格斯文集》第 9 卷，北京：人民出版社 2009 年版，第 40 页。

的爱憎好感的态度。社会责任感是一种非智力因素，是责任认知转化为责任行为的催化剂，对人的社会责任行为起着很大的调节作用。人们对于自己要履行的责任行为有没有感情以及是一种什么样的感情，对选择这一行为的态度和感情有着很大的关系。如果人们喜欢履行某种责任，就会努力参加这种活动，并全身心地投入。反之，则会表现出消极的态度，或者不去履行相应的社会责任。可见，责任情感对青年社会责任感的形成和发展起着重要的催化、强化作用。再次，责任意志是人们在履行责任过程中，自觉地克服各种困难和挫折的毅力。责任意志是青年社会责任感形成和发展的杠杆。坚强的责任意志能促使青年在对责任认知和责任履行时，保持持之以恒的毅力，进而养成良好的责任行为习惯。如果缺乏顽强的责任意志，责任认知就很难转换成责任行为，即使有所行为，也难以持久。最后，责任行为是履行责任的行为，是人们在认识、情感和意志的支配下，在实践活动中履行责任的实践活动。责任行为是青年社会责任感形成和发展的外在表现，是衡量青年社会责任感正确与否的重要标志，对青年社会责任感的形成和发展具有重要的意义。

在青年社会责任感的形成和发展过程中，责任认知、责任情感、责任意志和责任行为是相互联系、相互渗透、相互制约、相互促进的。其中，责任认识是前提和出发点，责任情感和意志是必要条件，责任行为是目的和落脚点。但是，在实践过程中，这四个因素之间有时在发展方向上并不一致，在发展水平上有时会出现不平衡，这就形成了各个要素之间的矛盾，而这种矛盾正是青年社会责任感培养的客观依据之一。青年社会责任感的培养就是在这种矛盾的推动下，通过提高青年的责任认知、丰富青年的责任情感、增强青年的责任意志，提升青年的责任行为，使上述各种要素相互作用、辩证发展，实现青年社会责任感在发展方向上的一致和发展水平上的平衡，进而帮助青年树立科学正确的社会责任感。

三、主体自觉实践过程

青年社会责任感最终形成的标志是青年进行自觉的实践行为。自觉实践行为与责任行为有所区分，自觉实践行为属于责任行为的一部分，但是自觉实践行为是责任行为的更高层次和更高阶段，是主体在有了责任认知后，具备强烈的责任情感和坚定的责任意志，并经过初步的责任行为的活动进而把这种责任行为转化为自觉的责任实践。因此，青年社会责任感的形成是以自觉实践为中心的，各种环境和自身的认知、情感、意志和行为通过青年的自觉实践活动形式将责任意识渗透到青年的意识和行为中，进而影响青年社会责任感。而青年在自觉实践活动中，有选择地接受外界环境的各种刺激，调节自己的认知、情感、意志和行为，从而逐渐形成一定的社会责任感。

可见，主体是自觉实践在青年社会责任感形成过程中，发挥着关键性的作用，在一定意义上决定着青年社会责任感的特征和状况。英国哲学家洛克曾经说过："只有你给他的良好原则与牢固习惯，才是最好的、最可靠的，所以也是最应该值得注重的。因为一切告诫与规则，无论如何反复叮咛，除非实行成了习惯，全是不中用的。"① 青年社会责任感在形成过程中会面临各种各样的价值取向和价值冲突，面对这些冲突，需要主体进行正确的选择，而主体自觉的实践是进行价值选择的开始。主体自觉的实践活动，自觉地履行责任和义务，养成良好的责任行为方式和行为习惯，是树立正确价值取向的具体体现。主体的自觉实践也是青年社会感形成过程中内化和外化统一的体现。"人的个别性行为只有变成经常性行为，成为一种习惯，行为所蕴涵的价值意义才能最终成为主

---

① 〔英〕洛克：《教育漫话》，傅任敢译，北京：人民教育出版社1985年版，第30页。

体的内在自觉追求，也就意味着这一方面的思想道德品质的形成。"① 主体通过自觉的实践，把内化的思维和认知能力、思想道德观念、精神文化需要等通过一定的行为方式、手段、途径和方法转化成外化的实践活动。同时，人的行为过程本身是一个动态过程，有一个不甚明确到明确，不习惯到习惯、不坚定到坚定、不自觉到自觉的逐步发展过程，期间会经历曲折甚至倒退。青年的社会责任行为一开始是受外界环境的影响和制约，或者是受心理因素的支配等，只有完全在道德理念下支配的自觉的责任行为才是符合要求的。此外，青年的社会责任行为也常常带有一定的偶然性和情景性，只有养成一定的习惯，才能成为稳固的行为模式。所以，自觉的实践活动是青年社会责任感形成的标志。

第三节　新时代中国青年社会责任感的形成规律

对青年社会责任感形成规律的研究是青年社会责任感培养研究的一个基本内容。关于规律的内涵，列宁曾经指出："规律就是关系……本质的关系或者本质之间的关系。"② 毛泽东在《实践论》和《矛盾论》中认为，事物的本质是事物的相对稳定的内部联系，这种联系是由事物本身所包含的特殊矛盾构成的。因此，可以把规律总结为："规律就是事物发展过程中的本质联系和必要联系。"③ 青年社会责任感的形成规律是社会责任感形成的内在和本质的规律，是知与行、个体性与社会性、

---

① 平章起、梁禹祥：《思想政治教育基本理论问题研究》，天津：南开大学出版社2010年版，第165页。
② 列宁：《哲学笔记》，北京：人民出版社1974年版，第161页。
③ 陈万柏、张耀灿：《思想政治教育学原理》，北京：高等教育出版社2007年版，第145页。

自律和他律之间辩证统一的关系。充分认识和掌握青年社会责任感形成的规律，对培养青年树立科学正确的社会责任感具有重要的理论和实践指导意义。

一、知和行的统一

根据青年社会责任感形成的过程的三个阶段，可以得出青年社会责任感的形成规律也有相应的特性，即发生社会责任认知矛盾的内化阶段、解决社会责任认知矛盾的斗争阶段和外化为社会责任行为的养成阶段。简而言之，就是社会责任认知和社会责任行为的统一，是内化和外化的统一。青年本身内部存在着多种矛盾，但决定性的还是责任认知和行为之间的矛盾，主要表现为言行不一，理论与实际脱节。

个体社会责任感的形成，一般都开始于责任认知。责任认知在社会责任感形成过程中居于十分重要的地位，是社会责任感形成过程中的核心。第一，责任认知是心理要素深化的必经之路，它决定着心理系统各要素的发展方向和深化程度；第二，责任认知是行为稳定实施的支配中枢，在责任认知的支配下，个体行为才能减少随机性，保持长期的稳定性，不易受外界影响而改变。因此，责任认知在社会责任感中处于中间联结的地位，又具有将零散认知转化为稳定观念的作用，从而使社会责任感更加稳定，更能适应复杂的社会环境。同时，社会责任感的形成不仅停留在责任认知上，更重要的是在践行社会责任行为过程中使责任感不断得到强化和升华。责任行为是社会责任感形成的关键环节，责任认知、责任情感和责任意志在人们还没有实施责任行为之前，都不能构成完整意义的社会责任感，而且当个体实施责任行为之后，通过接收外界反馈，能进一步加深认知的内化。因此，责任行为作为社会责任感形成的关键环节，决定了社会责任感形成的效果。在现实生活中，责任认知和责任行为还存在一定的矛盾,并不是每一次的责任认知都能转化为责任行为,每一次的行为也并不都是在责任认知的支配下履行的,存在着言行不一、理论与实际脱节的现象。责任认知和责任行为之间需要经过责任认知矛盾的内化阶段、解决责任认知矛盾的斗争阶段和外化为行为的养成阶段。

青年社会责任感就是在责任认知和责任行为之间的矛盾不断转化中形成的,因此,在青年社会责任感培养过程中要重视责任认知和责任行为相统一的规律。一方面,坚持对青年社会责任认知的教育和引导,丰富青年对社会责任的认识和了解,提高青年社会责任感的认知、认同、判断能力和调控能力,强化青年社会责任感的内化能力。另一方面,增强青年社会责任感的责任行为能力,培养其形成良好的行为习惯,提升青年社会责任行为的自觉性,强化青年社会责任感的外化能力,进而实现知和行、内化和外化的统一,促进青年社会责任感的形成和发展。

二、个体性和社会性的统一

社会责任感作为一种心理现象虽然存在于社会个体身上,但它不是个体主观自生的,也不是个体生命机体的附属物,而是从个体与社会的客观责任关系中产生的。个体与社会之间存在着客观的责任关系,社会是责任赋予者,个体是责任接受者。个体性是青年作为主体的特性,青年作为一个特殊的社会群体,身体和心理正处在不断成熟阶段,此阶段也是青年的世界观、人生观和价值观形成和完善阶段,这对青年社会责任感的形成产生了深远影响。社会性是青年作为社会群体中的一个分子,具有的社会特性,主要指社会对青年的要求和期望,也就是青年应该承担的社会客观责任。青年的个体性和社会性之间是一个动态的平衡关系,需要保持适度的张力,即社会对青年提出的要求和期望在满足社会发展要求的同时，也要从青年自身特点出发，又要适当超越青年目前社会责任感的基础。只有这样才能更好地促进青年社会责任感的形成和发展。如果个体性和社会性之间的平衡关系被打破或者没有达成统一，将严重阻碍青年社会责任感的形成和发展。

个体性和社会性之间的关系是多层次的，第一个层次体现为个体与家庭建立的责任关系。家庭是社会这一有机组织的基本单位，同时家庭也是个体活动的最基本场所，家庭能够为个体的身心发展提供稳定的环境和必要的物质条件，个体本身又是组成家庭的基本因子，而要想实现家庭的和谐就必须要求个体要拥有一定的家庭责任感。因此，青年群体要从家庭角度出发主动地承担起相应的家庭责任。第二个层次是个体与社会公共生活的责任关系。维护社会公共生活健康和谐的秩序是每个人的责任，没有个人良好的社会责任感不可能有健康和谐的社会公共生活秩序。因此，青年应该根据社会公共生活对责任的需求承担起相应的社会公共生活的责任。第三个层次是个体与社会具体工作岗位之间的责任关系。在社会运行的过程中，不同行业的不同岗位为社会成员提供了发挥自身聪明才智的平台，不仅能够满足社会成员的生存需要，还能够使人的社会实践能力得到深入发展，然而社会成员在向社会索取生存资源支持的同时，社会的具体工作岗位也为个体赋予了个体相应的岗位责任，即要求社会个体要肩负起岗位责任，秉持职业操守，积极做好本职工作。因此，青年要根据社会职业岗位对责任的需求承担起相应的社会职业岗位责任。第四个层次是个体与国家和民族之间的责任关系。要求个体必须对国家和民族的发展履行相应的责任，最基本的是作为一名普通公民应具备的公民责任感，最高的要求则要具有以国家兴亡为己任的强烈社会责任感。因此，青年要根据国家和民族对责任的要求承担起相应的责任。

同时，青年社会责任感总是处在"它现在怎样"与"社会希望它怎样"的矛盾运动之中，社会责任感培养的基本任务就是解决这一矛盾，推动青年社会责任感向着社会要求的方向发展。为此，在青年社会责任感培养过程中，要根据这一矛盾的具体情况，充分了解青年的个体性和社会性之间的关系，从社会发展的角度出发，在全面把握青年个体性特征的基础上，提出与青年相适应的社会责任要求和期望，并通过多方面的培养活动和措施，促使这一矛盾的解决，以提升青年社会责任感的水平。此外，根据事物是不断发展的原理，青年社会责任感是根据社会的发展变化而不断变化的，青年社会责任感也根据青年不同阶段的年龄有不同的要求。因此，个体性和社会性之间的矛盾也不是固定的，而是分为不同阶段的矛盾，这些矛盾形成一个递进的关系，在某一阶段的矛盾解决后，又会产生新的社会需要和新的矛盾，这样又需要根据新的情况，来解决新的矛盾。青年社会责任感形成的整个过程就是不断解决个体性和社会性之间矛盾的过程，实现个体性和社会性的统一，从而推动青年社会责任感不断向社会要求的方向发展。

三、自律和他律的统一

自律是一种自我约束、自我强制，自我规范。自律本质上的规则是对人提出的要求和人对规则的主动遵守，自律是来自主体自身的力量，它依靠自我对意识、情感、行为的控制、评价和调解，从而使所坚信的责任认知和责任情感通过行为反复地表现出来。自律具有自觉性的特点，能够促使青年长期坚持社会责任行为。他律是靠规范约束的，或者是社会环境的影响和制约或者是教育者的引导，他律是来自外在的力量。他律具有强制性的特点，他律依靠的社会外在环境经常变化，而且具有复杂性和广泛性，他律是青年社会责任感形成的必要条件。

自律和他律是辩证统一的，自律的认可是接受他律的内在基础，如果没有对自律的认可，责任认知和责任情感及责任意志达不到一定的水平，就很难接受社会外在他律的制约，其责任行为就很难实施，也只有自律才能使社会责任感逐步升华到最高的境界。同时，他律的目的是为了更好地提升自律，即通过社会环境的影响和制约及教育者的引导，使主体认识到自身的不足，不断地加以调整和完善自己，实现更好的自律。其中，他律中的教育者是青年社会责任感形成中活动的设计者、组织者和调控者，在青年社会责任感的形成过程中发挥着主导作用。需要注意的是行为的自律需要明确行为的社会价值，掌握行为的原则和规范，评价行为的结果和调解行为的方向等。坚强的责任意志品质是青年社会责任感形成中运行自律的关键因素。所谓行为自律中的坚强意志，就是受教育者在坚持良好行为的过程中所表现出来的自觉地克服一切困难和障碍。如果没有坚强的社会责任意志，社会责任认知和社会责任情感是无法转化为社会责任行为的。从这个意义上说，社会责任意志品质的养成也就是良好社会责任行为的养成。因此，在青年社会责任感培养过程中，要重视自律和他律相统一的规律，在加强青年自身的教育的同时，也要加强对社会环境因素的矫正和稳固，使青年社会责任感形成的自律和他律实现统一并共同发挥作用。

第四章　中国青年社会责任感的历史考察与新趋向

本章从新民主主义革命时期、社会主义改造和全面建设时期、改革开放初期三个时期对青年社会责任感进行历史梳理和考察，分析新时代中国青年社会责任感的新趋向，主要有：社会责任认知的接受与否认、社会责任情感的自觉与被动、社会责任意志的坚定与薄弱、社会责任行为的承担与失落。针对新时代中国青年社会责任感出现的问题，从西方个人主义价值观的渗透、社会转型的负面影响、市场经济的挑战、科技主义的泛滥、青年主体性的迷失等方面分析当代新时代中国青年社会责任感缺失的原因。

第一节　中国青年社会责任感的历史考察

青年在我国近现代发展史上占据着重要的历史地位，在推动社会革命、建设和改革等方面都发挥了极其重要的作用。建立中国共产党、成立中华人民共和国、推进改革开放和中国特色社会主义事业，是五四运动以来我国发生的三大历史性事件,这三大历史性事件的发生都离不开青年的作用。青年运动追随并推动了我国近现代历史发展的潮流,为国家和民族的救亡图存及伟大复兴做出了极大的贡献。甲午战争之后我国的有志青年积极参与了辛亥革命运动,到了五四时期,我国的青年运动更是达到了高潮,并得到了长足的发展。2013年5月4日,习近平总书记在五四青年节讲话中指出:"近代以来,我国青年不懈追求的美好梦想,始终与振兴中华的历史进程紧密相连。在革命战争年代,广大青年满怀革命理想,为争取民族独立、人民解放冲锋陷阵、抛洒热血。在社会主义革命和建设时期,广大青年响应党的号召,向困难进军,向荒原进军,保卫祖国,建设祖国,在新中国的广阔天地忘我劳动、艰苦创业。在改革开放时期,青年为祖国繁荣富强开拓奋进、锐意创新。"① 6年后,习近平总书记在纪念五四运动100周年大会上进一步指出,"100年来,中国青年满怀对祖国和人民的赤子之心,积极投身党领导的革命、建设、改革伟大事业,为人民战斗、为祖国献身、为幸福生活奋斗,把最美好的青春献给祖国和人民,谱写了一曲又一曲壮丽的青春之歌"。② 无论是在新民主主义革命时期,还是社会主义革命和建设时期,以及改革开放初期,每个时期的青年都具有高度强烈的社会责任感,正是因为这种强烈的社会责任感,使我国的近现代史进程时刻具有前进发展的强大动力和顽强的生命力,同时,我国青年的表现也引起世界的高度关注,并使我国青年走上世界舞台。当然,由于不同历史时间阶段面临的社会性质和时代任务不同,所以身处不同历史背景的青年社会责任感也被打上深深的时代烙印,表现出与时代紧密相关的社会责任感特征。

---

① 习近平:《在同各界优秀青年代表座谈时的讲话》,载《光明日报》,2013年5月5日,第2版。

② 习近平:《在纪念五四运动100周年大会上的讲话》,北京:人民出版社2019年版,第5页。

一、新民主主义革命时期的青年社会责任感

新民主主义革命从时间上讲是从 1919 年五四运动到 1949 年中华人民共和国成立时期的革命,从性质上讲是无产阶级领导的、人民大众的、反对帝国主义、封建主义和官僚资本主义的革命。这一时期又分为大革命时期(1919—1927)、土地革命时期(1927—1937)、抗日战争时期(1937—1945)和解放战争时期(1945—1949)四个阶段。新民主主义革命爆发的直接起因是第一次世界大战后帝国主义强加给中国的不平等条款。强烈的爱国主义导致了这场由青年学生发起进而发展到全国各阶层的抗议运动,它同时引发了各种新思潮进入中国,其中最为引人注目的是马克思主义在中国的传播。中国青年作为五四运动的先锋发起了新民主主义革命的开端,并在新民主主义革命整个过程中发挥了重要的作用,这一时期青年社会责任感具有强烈的国家和民族感情。青年们奋勇向前,为了民族的解放和繁荣而不畏艰险的精神是新时代中国青年社会责任感培养的宝贵财富。

根据新民主主义革命时期历史发展的轨迹和青年运动的概括,这一时期的青年社会责任感的社会背景可分为三个阶段,不同阶段社会背景中的青年社会责任感又有不同的特征。

第一阶段:五四运动到九一八事变(1919—1931)

五月四日是我国的青年节,在人们的印象中,青年总会与五四运动联系起来,这是由于在五四运动中青年发挥了重要的先锋模范作用。1919 年爆发的五四运动,是一场以先进青年知识分子为先锋、广大人民群众参加的彻底反帝反封建的伟大爱国革命运动。习近平总书记在纪念五四运动 100 周年大会上讲话指出:"五四运动,爆发于民族危难之际,是一场以先进青年知识分子为先锋、广大人民群众参加的彻底反帝反封

建的伟大爱国革命运动,是一场中国人民为拯救民族危亡、捍卫民族尊严、凝聚民族力量而掀起的伟大社会革命运动,是一场传播新思想新文化新知识的伟大思想启蒙运动和新文化运动,以磅礴之力鼓动了中国人民和中华民族实现民族复兴的志向和信心。"① 五四运动不仅彰显了中国青年强大的社会力量,还昭示出青年强烈的社会责任感。正是因为有了这种责任感,中国青年才义无反顾地投身于争取民族独立和解放的伟大事业之中,并为中国的革命事业做出了极大的贡献。

五四时期的青年社会责任感主要表现在:第一,强烈的爱国主义。面对中华民族面临的严重危机,100 多年前的青年学生在运动中喊出了:"国亡了!同胞们起来呀!"的誓死呼号。这时的青年学生在经过新文化运动的思想启蒙后,对国家和民族有了一个全新的认识,看到国家和民族面临的苦难,把自己的命运和国家与民族联系起来,以国家和民族的独立为己任。自青年学子发出呼号的那一刻,五四运动就深深地打上了爱国主义的烙印,百年之中,以爱国主义精神为核心的五四精神,激励着一代又一代青年为实现中华民族伟大复兴而前赴后继。第二,先进的民主意识。这一时期,青年要求民主和自由,反对封建专制,青年的主体意识复苏,打破了封建思想的局限,民主意识逐渐增强,寻求民主自由和民族解放成为青年的重要的责任。第三,推崇科学精神。宣传科学精神是这一时期青年的重要特点,青年们主张遵循事物发展的客观规律,用实事求是的态度参与社会生活,反对愚昧,抵制封建迷信活动。他们能够用开放的目光看待社会的变化,追求进步,能够在多元化的社会思潮中明辨是非。同时,为了实现国家的崛起,拯救人民于水火,我国的进步青年开始意识到要想实现这一目标,必须要积极学习西方国家有益的经验和启示。第四,主张新道德观。这一时期的青年受新文化运

---

① 习近平:《在纪念五四运动 100 周年大会上的讲话》,北京:人民出版社 2019 年版,第 2 页。

动的影响，在伦理道德方面不断觉醒，并对改变旧的道德规范和秩序、建立新的道德观表现出强烈的意愿。第五，宣传马克思主义的责任。五四运动中涌现的一批具有进步思想的青年知识分子，迅速转变为马克思主义者，开始自觉地到工人群众中去宣传马克思主义，组织和领导工人运动。这促进了马克思主义与中国革命道路选择的结合，为中国共产党的诞生、为中国共产党在新民主主义时期的指导思想的确定，提供了极大的助力，大大推进了中国迈入现代社会的步伐。

五四运动拉开了青年参与近代历史发展的序幕，使青年的主体人格被唤醒，青年也正式以一股新生的力量走上了历史的舞台，在中华民族的救亡图存中写下浓厚的一笔。五四运动后，越来越多的青年致力于寻求各种救国之道，涌现出大批有志的优秀青年，这些青年以民族的独立和国家的统一为己任，努力把中国建设成一个理想的"少年中国"，以跻身于世界民族之林。随着中国革命形势的发展，推翻封建主义和旧军阀的社会反响越来越激烈，青年在接受了五四精神和新文化运动的洗礼后，大批先进青年参与工人运动，在援助工人运动中明确表达了反军阀政府立场。同时，也有很多青年在支援工人运动过程中加入讨伐旧军阀的行列，并在北伐战争中发挥了先进模范的作用，为北伐战争的胜利做出了不可磨灭的贡献和牺牲，广大青年用无数光荣的战绩，在中国青年运动史上谱写了瑰丽的篇章。

第二阶段：九一八事变到抗日战争结束（1931—1945）

1931年，日本帝国主义为了实现征服中国、进而称霸世界的野心，制造了"九一八"事变。"九一八"事变激起了全国人民的抗日热潮，这对青年的价值观与社会责任意识产生了重要的影响。这一时期青年的抗日热潮迅速地沸腾起来。"从北平到广州，从上海到西安，各大中城市，成千上万的青年学生纷纷组织起各种抗日团体，如抗日救国会，救国义勇军、反日救国十人团、日货调查团、抗日宣讲队、军事训练班、看护训练班等。"① 并组织了多次大规模的请愿活动，如 1931 年 9 月 28 日，上海各大学抗日救国会，汇集了南京中央大学、金陵大学及上海复旦、光华等校三千余名学生，冒雨先到国民党中央党部，后至国民党外交部请愿，要求政府出兵抗日。同年，11 月 26 日，在南京请愿的复旦、暨南、光华、大夏、中大、商学院、同济、东吴、商船、美专、无锡学院、镇江中学等校万余学生，结队赴国民党政府，要求蒋介石签署出兵日期，要求张学良戴罪立功。12 月 17 日，北平、天津、上海、武汉、广州、安庆、苏州、南京等地学生共 3 万余人，举行了声势更为浩大的联合示威等。青年学生运动在中国共产党的领导下，规模和声势越来越大，影响遍及全国各地，为团结抗日做出了很大的贡献。1935 年 12 月 9 日，"一二·九"运动爆发，在中国共产党的领导之下，北平青年学生积极参与了抗日救国示威游行，高呼"援助绥远抗战""各党派联合起来"等口号，反对华北自治，反抗日本帝国主义，沉重地打击了日本帝国主义的嚣张气焰和国民党政府的不抵抗政策，并掀起全国抗日救国新高潮。"一二·九"运动以后，青年学生年及时地走到工农兵中去，到民间去，唤醒民众，使青年学生与工农大众相结合，形成了强大的抗日洪流。经过一系列运动，最终建立了青年抗日统一战线，先后成立了"民族解放先锋队""中国学生救国联合会""共青团的改造与青年救国会"，这些团体的成立进一步促进了青年运动的发展，并推动了抗日战争的进程。

抗日战争全面爆发以后，在根据地，陕甘宁边区成为全国青年的抗战中心，边区的青年运动成为全国青年运动的典范，大批青年参与到抗日队伍中去，"抗战期间，边区广大青年配合主力部队，先后肃清了土匪特务，打退了日军的进攻，粉碎了国民党的企图，保卫了中共中央，

---

① 邵鹏文、郝英达：《"九一八"事变后学生爱国救亡运动》，载《吉林大学社会科学学报》，1981 第 5 期，第 8 页。

保卫了边区人民的生命财产,使陕甘宁边区日臻巩固"①。还有大批青年积极参与根据地的生产建设和文化教育,在对敌斗争、生产建设、文化教育等方面都发挥了巨大的作用,特别是由中国共产党领导的"西北青年救国联合会",运用不同的方式方法,将广大青年团结起来,使青年接受先进的文化教育,为革命战争贡献了大量的青年优秀人才。正如毛泽东在《青年运动的方向》中说的:"延安的青年运动是全国青年运动的模范。延安的青年运动的方向,就是全国的青年运动的方向。"②在国统区,广大青年积极同消极抗日的国民政府进行斗争,通过组织大规模的抗日游行、为前线捐助各种物质等活动,直接或间接参与到抗战中去。尤其是"民族解放先锋队"在中国共产党的带领下,青年学生走在了救国图存的最前沿。在沦陷区,青年学生更是成立了多种不同的武装组织,英勇无畏地参与到抗日斗争中,另有大批爱国青年冲破封锁奔赴陕甘宁边区和大后方进行工作和学习,有的直接投身抗日斗争的最前线。"七七事变后不久北平就被日军占领,1938—1939年这里的青年学生已有人奔赴内地和大后方,进入1940年,出走者日益增多,1942—1944年达到高潮,一直延续到抗战胜利才终止。"③ 此外,这一时期,留学国外的青年也通过各种不同的途径和方式参加和支援了学生运动,表现出青年强烈的救亡图存精神。

　　通过上述青年的各种组织和运动可以看出,这一时期青年的社会责任感具有明显的特征。第一,时代性。这一时期的青年社会责任感继承了五四运动的精神,紧紧把握时代脉搏,以救亡图存为主题,始终站在时代潮头,在中国共产党的领导下,同南京国民党反动政府和日本帝国

---

　　① 王卫星:《抗战时期陕甘宁边区的青年运动》,载《学海》,1995年第4期,第20页。
　　② 毛泽东:《毛泽东选集》(第二卷),北京:人民出版社1991年版,第568页。
　　③ 张振鹍:《抗日战争中沦陷区青年学生投奔大后方的回顾》,载《抗日战争研究》,2008年第9期,第208页。

主义开展了艰苦卓绝的斗争，使青年运动始终洋溢着时代的气息。第二，民族性。这一时期的广大青年以爱国救亡的抗日行动为主线，日本帝国主义的侵略每加紧一步，青年抗日救亡运动就高涨一分，充分体现了浓厚的民族主义色彩，促进了全民族的觉醒，也促进了抗日民族统一战线的形成、发展和巩固。第三，阶级性。这一时期的青年在中国共产党领导下的运动成为青年运动的主流，并与国民党反动派领导的青年运动具有本质的不同。第四，先导性。这一时期的青年思想活跃，对旧的落后思想意识反应敏锐，他们最敢于与旧的传统观念决裂，积极倡导各种新思想、新观念。面对各种复杂的国内外社会局面，青年及时地做出各种反应，并始终站在革命斗争的最前列，勇开风气之先，引领社会进步，促进了革命运动的进一步发展。第五，自觉性。这一时期青年的运动与以往有很大的不同是在中国共产党的领导下，青年意识到了人民群众的力量是无穷的，也认识到了自身仍然有许多不足之处，明白了人民群众才是创造社会、改造社会的主导，由此青年开始自觉地遵循客观规律，与人民群众走在了一起，自发地参与到推动革命运动发展的进程之中。

第三阶段：解放战争时期（1945—1949）

艰苦卓绝的抗日战争获得伟大胜利之后，阶级矛盾又重新成为主要矛盾，中国人民与美蒋反动派产生了激烈的矛盾，美帝国主义与蒋介石反动派紧密勾结，与人民抢夺抗战胜利的果实，发动了大规模反人民的内战。中国青年学生继承五四运动、"一二·九"运动时期青年学生爱国革命的优良传统，在中国共产党的领导下，积极配合和参加解放战争，进行了英勇顽强、可歌可泣的反美反蒋斗争。这一时期的青年学生运动是中国革命运动的一个重要组成部分，被称为"第二条战线"，与解放区军民进行的革命战争构成解放战争中两条重要的战线，成为中国青年运动史上乃至整个中国人民解放斗争史上的一个光辉灿烂的篇章。

从 1945 年 8 月抗日战争胜利到 1946 年 6 月全面内战爆发阶段，由于当时中国人民的主要任务是尽一切可能争取和平民主，所以，青年学生运动配合了这一任务要求，发起了"反内战""反独裁""争取自由民主"为基本口号的一二·一运动。反内战斗争的风暴，一时席卷了整个国民党统治区。从 1946 年 6 月全面内战爆发到 1947 年 6 月解放军转入战略进攻阶段，国统区的爱国学生掀起了两个斗争高潮的运动。一是以"美军退出中国"为中心口号的抗议美军暴行运动，二是以"反饥饿、反内战"为基本口号的"五二〇"运动。这两个运动有力地打击了美蒋反动派，推动了革命形势向着有利的方向发展。从 1947 年 6 月底到 1948 年 8 月阶段，随着刘邓大军突破黄河天险，揭开了战略进攻的序幕后，国统区的学生一次又一次掀起"反饥饿、反迫害"斗争的浪潮。如浙江的"于子三事件"、上海的"同济血案"、华北学生的"反对迫害、保卫学联"的斗争。特别是遍及全国的"反美扶日"的爱国斗争运动，沉重打击了美帝国主义的扶日政策，同时显示了广大青年学生政治上的成熟和斗争水平的提高。从 1948 年 8 月国民党统治区实行大逮捕到各地先后解放阶段，国统区的进步青年在共产党的领导下，执行"疏散隐蔽、积蓄力量、以待时机"的正确方针，同时从各个方面做好准备以迎接解放，配合人民解放军接管城市。

这一时期，我国的青年运动在规模上不断扩大，斗争水平有所提升，青年拥有了更多的斗争经验，对爱国主义和民主主义思想有了更深刻的认识。主要特征体现在，第一，更加强烈的责任担当意识。解放战争时期的青年更加清醒地认识到国家和民族的前途与命运，更加明确自身的担当使命意识，在政治上揭露和孤立美蒋反动派，扩大中国共产党的影响，能够站在人民群众的立场，与人民群众一起为解放事业而奋斗。第二，更加自觉地服从中国共产党的领导。这一时期的青年对中国共产党的认识进一步加深，他们认识到只有共产党才是最忠诚地举起爱国主义和人民民主的旗帜，从而在政治上分清了国共两党的优劣，从思想上靠近了共产党，并同共产党建立起一种亲密的关系，在运动中把握住了正确的方向，顺应了时代的潮流，最终走上通向胜利的道路。很多青年通过学习马克思主义和实行同工农相结合，使自己逐步地从民主主义者转变为共产主义者。第三，运动的斗争水平更高、经验更丰富。参加运动的青年觉悟高，富于正义感，在运动中，他们把原则的坚定性同策略的灵活性结合起来，把政治斗争同经济斗争有效地结合起来，在斗争中实行有理有利有节的斗争原则。团结尽可能多的群众，不断提高斗争水平，不断总结斗争经验，不断夺取斗争的胜利。当时的《观察》杂志在1948年5月发表的一篇文章中很好地把青年的整体面貌给描述出来："学生已成为人民利益的代言人。""他们所争取的内容，已不仅仅限于他们自身的权利，他们的呼喊业已成为一种'时代的声音'。""他们在现实的分析、理想的追求、办事的能力、奋斗的精神上，均已表现出惊人的成就，他们已俨然成为一个推动时代的巨轮。"

当然，在新民主主义时期，青年主流的社会责任感是亢奋人心的，大部分青年社会责任感是与国家和民族始终联系在一起的。但并不是所有青年的社会责任感都把国家和民族的救亡图存作为自身的使命，还有部分青年在日本帝国主义和汪伪政权的诱惑下，失去了自我，变为日本侵华的走狗，做出了对国家和民族不利的行为，给国家和民族带来了一定的伤害。也有青年在解放战争时期，因受到国民党反动派的蛊惑和误导，对中国共产党领导的解放战争没有正确认识，在解放战争中表现出消极的行为，这与当时的社会大趋势背道而驰，对其本身及以后的发展带来不利影响。

二、社会主义革命和建设时期的青年社会责任感

社会主义革命和建设时期是从新中国成立后到 1966 年之前的时期。在这一时期，广大青年发愤图强，为改变国家一穷二白面貌勇挑重担、艰苦创业。1949 年 10 月中华人民共和国成立以后，我国进入社会主义过渡时期，全国人民欢欣鼓舞，充满对未来社会的美好期待，但现实的中国却是百废待兴，为了尽快走出这种贫困落后的局面，在中国共产党的领导下，中国开始进行社会主义三大改造（对农业、手工业和资本主义工商业的改造），1956 底社会主义三大改造完成，标志着社会主义基本经济制度在中国的确立。社会主义改造完成以后，我国国内的主要矛盾也发生了变化，先进的社会主义制度与落后的生产力之间的矛盾成为社会的主要矛盾。此时的青年也因新中国的成立而感到无比的兴奋，也对我国面临的贫困落后感到自身责任重大，很多青年开始奋发图强，决心改变国家的一穷二白和贫困落后的局面，实现强国之梦。

这一时期青年的社会责任感特征主要表现为六个方面，第一，勇于牺牲奉献。1950 年 6 月朝鲜战争爆发，为响应"抗美援朝、保家卫国"的号召，无数青年不顾个人安危积极踊跃报名参战，亿万青年学生深入广大农村、走进工厂一线进行大量宣传。第二，成为扫盲和向科学进军的骨干力量。面对旧中国留下的 80% 的文盲人口，中央人民政府政务院于 1952 年发动了大规模的"扫盲行动"。针对农村青年文盲半文盲占 70% 的严峻现实，团中央决定带领 3000 万农村识字青年，用 7 年时间扫除农村 7000 多万青年文盲。通过普遍建立青年扫盲队、举办民校、成立识字小组和包教包学等形式，扫盲活动取得了明显的成效。到 1957 年，全国已经扫除文盲大约 3000 万，其中 2000 多万是

青年。① 广大青年满腔热情地投入到向科学进军的行列，并取得了明显的进步。为了加快国民经济的恢复发展，大批工厂中的青年积极参加工人业余文化补习学校和技术学校，农村中的青年积极参加民校或夜校，推动青年群众的学习。第三，注重全面发展。广大青年在积极提升业务素质的同时，不断提高思想觉悟，努力把自己培养成又红又专的社会主义建设者和接班人。重视学习毛主席著作和党的决议和重大政策，在思想和政治上要求进步，成为执行党的总路线的坚强骨干。第四，积极响应国家建设的号召。新中国成立之初，举国上下一穷二白，向土地要更多粮、让更多人吃饱饭成为最迫切的任务。1955年，北京的5名青年，向组织递交了组建北京青年志愿垦荒队的倡议书，经报道后，在社会上引起强烈反响。在第一个五年计划开始时，"成千上万的青年从家乡的田野、从绿色军营、从宁静的校园、从热闹的城市汇集成浩浩荡荡的建设大军，开进沙漠戈壁，开进矿山工厂，开进所有祖国建设需要的地方。1953—1954年，仅上海一地，就有7万多名青年奔赴祖国各地支援国家重点建设。"② 1955年8月，以北京青年志愿垦荒队成立为标志，全国性青年垦荒热潮迅速掀起，展示了青年建设新生活的伟大力量。例如：鞍山钢铁厂、太原重机厂、石油城克拉玛依，北大荒等到处都留下了年轻建设者们奋斗的足迹。第五，知识青年返乡和上山下乡，为发展农业生产贡献力量。"新中国知识青年上山下乡始于20世纪50年代。1951年至'文革'以前，全国已经有1000万知识青年返乡或上山下乡。其中，仅1962年秋至1966年夏，就有129万城镇知识青年上山下乡，成为发展农业生产的有生力量。"③ 集中体现了当时我国青年的精神风貌。第六，积极学习雷锋活动，引领优

---

① 郑洸：《中国青年运动六十年》，北京：中国青年出版社1990年版，第450页。
② 郑洸：《中国青年运动六十年》，北京：中国青年出版社1990年版，第432页。
③ 郑洸：《中国青年运动六十年》，北京：中国青年出版社1990年版，第594页。

良社会风气之先。当时全国青年兴起学习雷锋的活动,通过学习雷锋活动,青年树立起热爱党、热爱祖国、热爱社会主义的崇高理想和坚定信念,积极弘扬服务人民、助人为乐的奉献精神;干一行爱一行、专一行精一行的敬业精神;思想道德教育活动在青年当中传递了人生价值,驱散了思想迷雾,坚定了前进目标。"向雷锋同志学习"更是成为很多人心中经久不衰的精神力量,在引领优良社会风气中发挥了重要的作用。

在社会主义革命和建设时期,青年顺应社会主流价值取向,以一种"大我"的牺牲和奉献精神代替了"小我",这一时期青年社会责任感具有以"忘我"为特点的鲜明时代特征。这种"大我"和"忘我"的精神为推进社会主义革命的胜利和加快社会主义建设起了很大的作用。

三、改革开放初期的青年社会责任感

从 1966 年到 1976 年的十年内乱,给党和国家带来极大的损失,也给广大青年带来深重灾难。卷入"文革"一代的青年被反革命集团别有用心地教唆和利用,狂热与盲从地参与红卫兵运动,青年社会责任感一度迷失方向,对青年的成长十分不利,从而造成了后来人才断层的局面。国内资深的青运史专家李玉琦曾指出,"在中国青年运动的历史上出现红卫兵运动,一代青年满怀良好真诚的愿望却步入歧途的经验教训,值得人们反思和记取。"① "盲目的政治热情,往往会导致灾难性后果。缺乏民主与法制观念,必然会导致无政府主义的大泛滥。没有坚定正确的政治方向,青年运动必然会步入歧途。"② 直到 1976 年 10 月江青

---

① 张华:《1949—2009 中国青年社会参与的特点和历史经验》,载《中国青年研究》,2009 年第 10 期,第 17 页。

② 郑洸:《中国青年运动六十年》,北京:中国青年出版社 1990 年版,第 500 页。

反革命集团被粉碎后，青年才从这场浩劫中解救出来，开始新的生活。1978年10月，共青团第十次全国代表大会召开，标志着共青团组织开始全面恢复正常工作，青年又重新找到自己的组织，并踊跃报名参加各种组织活动。"在团中央1979年发起的'争当新长征突击手'活动中，全国青年踊跃参与，当年度就有10个新长征突击队红旗单位、155个新长征突击手（队）标兵、10000名新长征突击手（队）受到团中央表彰。"① 青年政治参与热情的重新高涨，使青年又重新回到自己应有岗位，继续为社会主义现代化建设努力奋斗，得到了党和政府及社会各界的高度认可。尤其是在经过真理标准大讨论后，青年的思想得到洗礼，实践作为检验真理的唯一标准经过激烈的争论、辩论，逐渐得到绝大多数青年发自内心的认同，思想的迷雾逐步廓清。党的十一届三中全会召开后，获得新生的中国青年在党的政策感召和鼓舞下，沐浴着改革开放的春风，锐意进取，扬眉吐气地投身社会主义现代化建设中，为推进改革开放和社会主义现代化建设顽强拼搏、再立新功。

这一时期青年社会责任感的特征主要表现在，第一，人生观重新认识。1980年5月，《中国青年》杂志发表了署名潘晓的《人生的路啊，为什么越走越窄……》的文章，引起了全国范围内关于青年人生价值的大讨论，以"自我"为出发点，注重个性解放，"追求自我价值的实现"，成为青年的热门话题，反映了那一代青年人希望解放思想、平等交流的集体心声，也解开了一些人心中奋斗目标迷失的"死结"。经过这次全国性的讨论，大多数青年对人生的目的、人的本质有了一个较为正确的认识，对社会、集体与个人的关系有了较为理性认识，在肯定个人发展、个人利益存在的同时，也充分认识到青年的"自我奋斗、自我完善、自我实现"价值观对社会和集体的重要性。青年群体开始对于索

---

① 张华：《1949—2009中国青年社会参与的特点和历史经验》，载《中国青年研究》，2009年第10期，第18页。

取与奉献的关系进行了更为深刻的解读和反思,并通过积极的实际行动努力践行自身所理应承担的社会责任。例如女排姑娘艰苦拼搏的顽强精神、时代楷模张海迪与命运抗争的顽强毅力、"一山两湖"青年英雄集体的献身精神等等,都在一定程度上激发了八十年代新青年勇敢承担社会责任的决心和自觉。大多数青年把人生观定位于:个人服务于社会是对社会发展应尽的义务,同时追求正当的个人利益、个人价值也是人的一项权利。这体现了青年自我主体意识的不断增强。第二,社会认同度不断提高。随着改革开放的深入,青年对社会主义改革开放和建设的了解不断加深,青年逐步走出改革开放初期思想解放带来的迷茫与否定,开始对社会进行重新认识,对社会认同度不断提升。同时,青年出国留学的人数不断增多,学成归国的"海归"队伍也在不断扩大,很多在国外留学青年学成后,选择了归国,为祖国的建设发挥自己的能量。第三,社会参与自觉性不断提高。一方面政治参与自觉性不断提高,基于对改革开放初期党的路线方针政策的认同、对党长期执政的信心,青年对加入党团组织、进行体制内政治参与保持了较高的认可度。在党团员队伍自然更替的过程中,大批优秀青年源源不断地加入党团组织,使党团员人数不断增多。另一方面经济和社会其他方面参与积极性不断提高。改革开放带来的经济体制改革给青年的经济参与带来了极大的挑战和机遇,很多青年积极把握住历史机遇,纷纷加入经济建设事业中。同时,青年的公民意识不断增强,对履行公民的权利和义务要求强烈,并积极参加各种实践活动,亲身体验法律赋予青年的公民权利和义务,青年社会参与能力不断提升,逐渐成为推动我国经济社会全面进步的重要力量,青年的社会属性越来越受到重视。此外,这一时期,以"讲文明、讲礼貌、讲卫生、讲秩序、讲道德"和"心灵美、语言美、行为美、环境美"为主要内容的文明礼貌活动倡议从青年中发出,宛如一股春风,迅速吹遍全国。"五讲四美三热爱"给那个时代的人们留下了美好的记忆,谱写了社会主义精神文明建设的精彩篇章。

改革开放初期青年的社会责任感最突出的特点是自我意识全面觉醒、主体意识不断增强。追求富民强国和自我价值实现的内在冲动,使他们自觉寻求一切可以张扬青春活力的舞台,为社会主义现代化建设贡献自己的力量,认同与担当成为改革开放初期中国青年社会责任感的主旋律。当然,我们也不能忽视改革开放初期一些不利因素对青年社会责任感产生的影响,尤其市场经济体制不完善引起的社会混乱和西方社会思潮带来的消极因素等都对青年社会责任感产生了一定的负面影响。

第二节　新时代中国青年社会责任感的新趋向

新时代中国青年生活在全面深化改革和社会转型的关键时期,其社会责任感总体呈现出积极向上的状态。新时代中国青年热爱祖国,拥护党的领导,坚决支持以习近平同志为核心的党中央领导下进行的全面深化改革。同时,新时代中国青年参与社会活动的范围不断扩大,社会责任意识比较强烈,尤其是在国家面临重大事件时,青年总会积极响应党和国家的号召,积极履行一个青年应有的社会责任。比如,在北京奥运会及残奥会、上海世博会、纪念五四运动100周年、庆祝新中国成立70周年等大事喜事中,在抗击雨雪冰冻灾害、抗震救灾等急事难事中,在参与环境保护、社会老年人服务、支援西部建设等关系国家长远利益重大事件中,广大青年都展现出了良好的政治素质、强烈的爱国和民族情怀,体现了新时代中国青年高扬的社会责任感风貌。同时,青年的所作所为也引起了世界目光的聚焦,新时代中国青年逐渐成为世界关注的一个群体。但是,随着国内外形势的深刻变化,首先,新时代中国青年面临着西方文化凶猛的侵袭，这些文化中的消极部分和腐朽的思想对于青年会产生严重的消极影响。其次，随着我国改革开放的不断深入和社会转型的加剧，部分青年出现了信仰的缺失和理想信念的迷茫，还有的青年严重缺乏社会责任感和诚信合作的精神，心理素质十分脆弱。特别是新时代中国青年社会责任感与20世纪八九十年代的青年相比，出现了一些值得关注的新变化，部分青年社会责任感缺失的现象比较严重，这对当今社会的健康和谐有序发展、全面建成小康社会的实现、中华传统美德和雷锋精神的弘扬、青年自身的社会化和全面发展极其不利。

一、社会责任认知的接受与否认

社会责任认知是主体对社会责任的主观反映，是社会责任感的源泉，一切社会责任情感和社会责任行为都必须要以对社会责任的认知为基础。责任主体必须要对于自身的责任拥有清醒的认识，才能在真实的社会实践中有所作为。社会责任认知不仅包括对社会责任观念、社会责任活动、各种社会责任现象的认识和理解，还包括对相关部门、机构、政策及法律法规等的认知。青年的社会责任认知反映了青年对社会责任的主观反映和掌握的社会责任知识，是青年社会责任感的内在诉求。

由于新时代中国青年社会化还不成熟，心理素质尚待提高，部分青年对自己社会责任权利和义务认识不清晰、人生目的混乱、缺乏人生理想、出现早恋、厌学、犯罪、吸毒、自杀等现象，对社会缺乏应有的社会公益精神，缺乏对国家和民族的认可，缺乏人类生存危机意识等。部分青年的社会责任认知还相对匮乏，具体表现在对社会责任的认识不够全面深刻，社会责任知识缺乏应有的广度和深度。从广度层面讲，部分青年对当前社会责任的特点、意义、形式的认识不足，包括对社会责任的具体活动以及社会责任取向认识模糊等。从深度层面讲，部分青年对社会责任的内涵、功能等基本知识了解不深刻；对个人和他人、家庭和社会、国家和民族、全球和生态重要性认识不到位等。这些都影响了青年社会责任感的形成和发展，也不利于青年社会责任感培养工作的开展。根据教育部关工委的一项调查，在是否关心国家大事选项中，有65.90%的大学生选择非常关注，另有30.30%的大学生选择不关注。在帮助父母做家务方面，有47.45%的中学生经常帮助父母做家务，另有41.92%的中学生偶尔做。在经济发展与环境保护的权衡选项中，有6.29%的大学生认为经济发展优先，另有21.60%的大学生认为环境保护优先。在参加志愿活动方面，在中学组，有62.87%的中学生愿意参加志愿服务活动，也有3.38%的中学生不愿参加志愿服务活动；在大学组，有59.66%的大学生偶尔参加志愿服务活动或公益事业，也有3.38%的大学生从不参加。由此可见，部分青年的社会责任认知还相对匮乏，需要不断丰富这些青年对社会责任的认知和了解，为其社会责任感的形成和培养奠定认知基础。

二、社会责任情感的自觉与被动

社会责任情感是个体对社会责任产生的一种态度体验，表现为喜好厌恶等。社会责任情感是社会责任认知的进一步深化，反映了主体对社会责任的内心体验，并体现了主体是否自觉参加社会责任活动的态度。责任主体只有怀有肯定的心理反应才能使责任得到履行，否则责任将难以落实。只有当人的内心体验与社会责任活动的要求产生共鸣，才能升华主体对社会责任的认识，进而形成社会行为。列宁曾经指出："没有'人的感情'，就从来没有也不可能有人对于真理的追求。"[1] 青年的社

---

[1] 《列宁全集》第25卷，北京：人民出版社1988年版，第117页。

会责任情感反映了青年对社会责任感的直观心理体验，直接影响着青年对社会责任的看法和参加活动的兴趣。新时代中国青年的社会责任情感受各种因素的影响，还存在着很多不稳定的因素，部分青年的社会责任情感较为淡薄，如在面对社会责任选择时，会发生"憎责任"和"冷责任"现象，对社会责任很少或从不关注，认为社会责任不利于自身的发展，有损自身的利益，认为社会责任会占用个人时间、精力和耗费金钱等。如部分青年对他人的责任感情淡薄，部分青年有爱国意识，但是爱国情感淡薄，没有明确的爱国主义方向，爱国主义出现模糊性的特点。新时代中国青年在处理个人与社会关系上往往偏重个人的发展，而相对忽视了个人对国家的责任和使命，具体表现在"实用主义"和"自我化"倾向明显，未能很好地把关心自我与关心国家发展实现有机结合。也正是因为如此，新时代中国青年的社会责任情感同时呈现出一种冷漠性，也有青年认为社会责任是有关机构或者有钱人的事，与自己无关，并拒绝参加社会责任活动，即使参加社会责任活动，也是被动参与或者缺乏积极性，参与热情明显不高。根据调查显示，在问题"最近一个时期，'最美教师'张丽莉、'最美司机'吴斌、'最美战士'高铁成等，'最美英雄'接连涌现，你认为对这些最美事迹最合适的看法是什么？"时，在中学组，有91.79%的中学生认同这种最美事迹，而有3.89%的中学生则不认同。同样的问题在大学生组，有87.89%的大学生认为这些行为是社会主义核心价值体系的生动体现，另有5.15%的大学生认为是个人英雄主义的表现，有5.59%的大学生没看法。可以看出，部分青年的社会责任情感与社会要求还有一定的距离，部分青年履行社会责任感不是主动而是被动的，这需要加强这些青年社会责任感的培养，促进其社会责任情感的升华。

三、社会责任意志的坚定与薄弱

社会责任意志是个体根据自己的主观愿望自觉地调节和支配行动，

通过克服各种困难和挫折以达成预定的目标的心理过程。社会责任意志是社会责任情感的升华，主要表现为社会责任感的自觉性、果断性、坚韧性和自制性四个方面，是社会责任感的重要组成要素。责任主体首先要拥有强大的意志，才能将自身对于责任的认知转化成为具体的行动，社会责任意志能促使青年对社会责任活动进行深刻的认识，自觉地将自己的社会责任认知、社会责任情感转化为实际行动，在行动中通过坚强的信念和意志力控制自己的情绪和其他心理倾向，坚持不懈地克服遇到的困难和挫折，使在参与社会责任活动中始终保持稳定性和一贯性，从而有助于青年形成良好的社会责任行为习惯。而现实中，部分青年的社会责任意志比较薄弱，突出表现为社会责任活动的自觉性不高，缺乏果断性和自制力、目标不明确，遇到困难和挫折时容易泄气、往往止步不前甚至退缩。此外，部分青年有履行社会责任的意愿和情感，但是因为意志不坚定，情绪容易出现波动或者向着相反的方向发展，缺失克服困难的意志和勇气。社会责任意志的薄弱不但造成社会责任感的效果大打折扣，有时还会起到相反的作用，这对青年社会责任感的形成和发展及其培养非常不利。

根据调查显示，在中学组，在问到是否同意"艰苦奋斗的提法已经过时了"这种说法时，有70.40%的中学生不同意这种提法，而有9.21%的中学生同意这种提法。在大学组，在问到"到基层一线去，到艰苦环境中去，到祖国和人民最需要的地方去"时，有57.62%的大学生选择积极响应党中央的号召，有24.42%的大学生先权衡个人发展利弊再做选择，另有3.36%的大学生选择"这种地方太苦，不会去"。可以看出，部分青年社会责任意志还存在薄弱的问题，需要通过青年社会责任感培养来增强青年社会责任意志，使其社会责任感在形成过程中更加坚定和巩固。

四、社会责任行为的承担与失落

社会责任行为是指履行社会责任的活动,它是社会责任感的外在表现形式,同时也是责任感形成的标志,是责任主体具有责任感的综合体现。社会责任行为是最终衡量青年社会责任感高低的重要标准,社会责任行为体现了青年的社会责任认知是否到位、社会责任情感是否强烈、社会责任意志是否坚定、社会责任取向是否正确。社会责任感的最终目的是通过指导主体践行社会责任理念,实现社会责任的价值。

当前部分青年虽然有较强的社会责任认知和情感,但社会责任行为相对滞后,有些青年的社会责任行为带有偶然性、随意性和盲目性,社会责任行为还存在诸多的短板,与其认知和情感不相符合。社会责任行为缺少自觉性和连贯性,从而导致预定的社会责任活动想法和方案得不到贯彻落实,并使青年在参加社会责任活动时没有取得理想的效果而感到失望、沮丧,容易让青年产生对社会责任排斥的情绪,进而不利于青年社会责任感的培养和提升。比如部分青年能认识到自身全面发展的重要性,也有一定的目标和理想,但是缺少把目标和理想付诸实践行动的自觉性;从青年的家庭责任看,部分青年对中国传统文化的"孝"比较认可,并积极倡导尊老爱幼,但如果让其自身去履行家庭责任时,很多青年会退缩或者不顾,对家庭成员只从口头上表达,而缺少实际行动的表达;从新时代中国青年的政治参与来看,部分青年政治意识较强,但是行为投入较少;对社会有基本的正确的政治认知和政治评价,但实际参与行为上有偏差。在生态环境保护方面,大部分青年具有正确的生态意识,也对当前人类面临的生态危机心存忧患,但是在实际生活中,往往要求他人去保护生态环境,而对自己则没有要求,自身缺少履行生态环境保护的自觉性,存在知行不一等问题。

根据教育部关工委的一项调查,有46.38%的中学生在遇见有人破坏公共设施时会劝阻,而有11.21%的中学生认为与自己无关。又如"如果看到自来水哗哗流淌,你会怎么做",有90.86%的中学生会选择把水龙头关掉,而有1.17%的中学生选择视而不见。在如何看待当今世界流行的新自由主义思潮方面,有28.55%的大学生认为这是资本主义意识形态与价值观念的泛滥,应该坚决抵制,有52.81%的大学生认为是符合当今世界发展趋势的一种理论,应该大力推广,另有16.99%的大学生认为这种思潮与我无关,不必去关注。又如"如果路遇老人摔倒,你认为怎样做最好",在中学组,有41.22%的中学生会上前搀扶,而有1.94%的中学生选择视而不见。在大学生组,有63.38%的大学生会主动上前搀扶,另有3.26%的大学生视而不见,走人。在关于在公共汽车上看到老人、小孩、孕妇或残疾人让座方面,有96.07%的中学生会主动让座,而有1.26%的中学生装作没看见。可见,部分青年社会责任行为还存在一定程度上的失落,需要以加强青年社会责任感培养来激发青年社会责任行为的积极性和主动性。

第三节 新时代中国青年社会责任感缺失的原因分析

当前,从世界范围来看,整个世界进入大发展大变革大调整时期,国际形势变幻莫测,总体格局深度重塑,世界全球化进程加速发展,文化、生活方式、价值观念等精神力量的跨国交流、碰撞、冲突与融合不断加深。在新时代中国特色社会主义背景下,我国改革开放和社会转型的步伐进一步加快,迈进了新的发展阶段。但是,伴随着我国改革的不断加深和社会转型的进展,我国进入发展关键期、改革攻坚期,深层次矛盾凸显、新问题大量涌现，社会生活更加复杂。新时代中国青年作为社会关系中最活跃的一个群体深处其境，世情、国情和党情的深刻变化势必对新时代中国青年的世界观、价值观和人生观产生深刻的影响，尤其是对其社会责任感产生了极大的影响。新时代中国青年社会责任感的形成和特征深受其生活环境和自身特点的影响，其社会责任感的缺失既有西方个人主义价值观的渗透、社会转型的负面影响、市场经济的挑战、网络新媒体的消极影响等因素，也有来自青年自身主体性弱化的因素。

一、西方个人主义价值观的渗透

随着我国改革开放程度的不断加深，来自西方的多种文化开始涌进我国，特别是在网络新媒体的迅速发展之下，外来文化借助多种新型渠道加紧了向我国渗透的步伐，包括先进的科学技术、丰富的文化作品、科学的技术研究成果以及自由的学术理念等等，然而在这些外来文化中也存在着消极的文化，尤其是个人主义价值观等。这些思想深刻影响着国内人们的思想价值观念，尤其是处在思想非常敏感时期的青年对西方文化异常热捧。虽然从全球化的角度讲，各国文化的碰撞、交流和互补的大趋势是有利的，但也应高度重视西方敌对势力对我国文化入侵的本质意图，尤其是特别注意西方个人主义价值观渗透的危害性。资产阶级的核心价值观是个人主义，推崇个人利益的至高无上，并认为个人的利益无论在任何时候都要高于他人的利益，甚至是高于社会的整体利益。这种极端个人主义的价值观极其容易被道德判断力还较弱的青年接受并追捧。

当今文化全球化的趋势已成为人类文化的历史潮流，世界领域的意识形态博弈更加隐蔽，西方敌对势力对我国文化入侵的势头不但没有消弱，反而更加强势和突出，已经严重威胁到我国的文化安全。而青年作为一个特殊的群体，成为西方敌对势力进行文化入侵和个人主义价值观渗透首选的对象，西方敌对势力利用所谓的"自由""民主""个人主义"等价值观念冲击和侵蚀我国青年的思想和价值观。如西方敌对势力凭借其雄厚的资本优势，不断对我国输出电影大片、带有极强的享乐性和刺激性的娱乐节目等，来极力宣传西方的个人主义价值观，导致很多青年对西方个人主义价值观的盲目尊崇、依赖和追捧，这极大地催化了青年社会责任感的缺失，例如当代部分青年不要义务，只重视权利的享受，为了追求个人利益不惜损害他人和集体的利益，其本身的社会责任感也随之淡化。同时，由于我国传统价值观的式微，尚未完成现代化的转型，在西方个人主义价值观的入侵和挑战面前略显无力，导致对新时代中国青年社会责任感培养的价值观软弱，从而使部分青年在西方个人主义价值观的渗透下的社会责任取向更加功利化和自由化。

二、价值多元化的影响

青年社会责任感的形成和发展对社会环境具有很强的依从性和依赖性。改革开放四十多年来，我国社会在政治、经济、文化等领域发生了前所未有的社会转型，深层次的社会变革在引起社会利益和结构巨大变化的同时，也带来一系列的社会矛盾和问题，也引起了社会价值观念多元化的变化。当前，我国正处于社会转型的关键时期，社会价值观念的深层次特性更加明显，"人们的价值主体意识普遍觉醒，社会呈现从单一主体向多元主体转变的趋势，人们的价值取向从单一化走向多元化"[①]。在这种条件下，人的发展个性化与价值取向的多元化日趋凸显，

[①] 李德顺：《当前价值观新走向》，载《天津日报》，2002年7月29日。

这给青年的世界观、人生观和价值观的选择带来极大的机遇和挑战，致使青年用于规划自己人生发展的价值目标也不再单一，用于评判自己和他人是非得失的价值尺度也不再同一。虽然这种取向有利于拓展青年的人生选择，但也存在着一定的局限性，由于青年对社会转型带来的种种挑战没有充分应对的能力，因而在价值追求中容易出现偏差，体现在其社会责任感方面就是对社会责任感理性的态度，或者陷于个人主义，缺乏超越现实的思想，进而导致社会责任主体性的缺失。同时，社会转型中还伴随着很多消极的影响，如道德观念的退化，奉献精神的虚化等都十分不利于青年社会责任感的形成和发展。

三、网络新媒体的消极影响

随着新媒体时代的到来，科学技术创新的速度不断推进，我国网信事业实力不断增强，互联网和数字信息技术得到全面普及和强劲发展，以手机媒体、数字电视、微信、微博、即时通信软件为主的网络新媒体，具有交互性与多元性、即时性与便易性和超文本性与多媒体性等优点，成为人们获取资讯、进行沟通交流最为重要的方式，青年在获取信息、学习娱乐、人际交往、商务活动、日常生活等方面无网不欢。网络新媒体在改变社会结构和人类生活的同时，也在一定程度上改变了社会化过程中的青年社会责任感。作为一个与时代同步的群体，在信息和通信技术的利用和扩散方面，青年通常是带头的革新者。新时代中国青年思想活跃、思维敏捷、兴趣广泛，探索未知劲头足，接受新生事物快，主体意识、参与意识强。随着网络的快速发展，新时代中国青年拥有了更为便捷的信息获取平台，网络新媒体拥有大量的信息资源，这为新时代中国青年的学习和进步提供了良好的条件，网络新媒体拓展了新时代中国青年社会参与的广度和深度，使新时代中国青年前所未有地与社会进行双向的交互。但是值得注意的是现代网络新媒体作为科技的成果也具有不可避免的两面性，在为青年提供许多便利的同时，也对新时代中国青年社会责任感的形成和发展有着一定程度的消极影响。

第一，网络信息资源良莠不齐，其中包含的色情、暴力等不良内容会对于青年人的价值观产生影响，此外，网络中的多种信息体现出娱乐化，甚至低俗化、庸俗化的特点，这严重地影响了青年固有的知识结构，同时，还有一些不法分子通过网络媒体实施犯罪活动，例如诈骗、勒索、非法交易以及入侵他人电脑等等，这些都给正在成长期的青年带来了严重的消极影响，使得一些青年网络游戏成瘾、倾向色情暴力等。其次，网络新媒体的开放性和自由性使青年社会责任感淡化。网络世界是一个开放的世界，"任何政府、组织和个人都不能统治与占有它，所有的人都可以拥有网络的一部分，所有的人都是自己的主人，没有谁是网络最终的管理者。"①正是网络新媒体的这种没有限制的开放性和自由，使青年可以毫无顾忌地发表言论，想说什么就说什么，想干什么就干什么，使青年的言行过于"自由"。网络的重要特点之一就是虚拟性，用户可以隐藏自身的真实身份，自身的言行不受监督和约束，因此不用顾虑个人的网络行为所产生的后果，更不用承担相应的网络责任。网络平台的这种开放性与虚拟性使得部分青年的言行过于放纵，直接造成了青年群体社会责任感的淡漠。最后，在网络世界中，虚拟的环境使得青年的社会角色模糊，由于网络世界中个人身份具有多重性，因此在网络世界中青年不需要承担现实生活中的责任，部分青年与父母、朋友、同学以及师长的关系淡漠，人际关系陷入了空前的危机，这些都不利于其社会责任感的形成和发展。

---

① 武艳萍：《网络对大学生道德的影响及对策》，载《思想教育研究》，2003 年第 11 期，第 31 页。

四、青年对社会责任感的认知及践行不足

新时代中国青年成长在社会高度发展的时代,自我社会化开始被越来越多的青年认同和接受,但受限于青年自身独特的身心特征,身体正处在发育完善阶段,但是心理还没有完全成熟,其世界观、人生观和价值观正处在形成和完善时期。同时,青年时期的情绪还不稳定,情绪变化时有积极、向上、高亢,时有悲观、消极、颓废,这在一定程度上影响了青年社会责任感的形成和发展。由于青年步入社会的实践较短,对于社会缺少深刻的理解和认识,因此对于社会关系的认识存在着一定的偏差和片面性,在思考问题的过程中容易以自我为中心。一些青年在与人交往的过程中,由于生活阅历的不足,对于社会现象和社会关系不能够客观地解读,在面对复杂的社会环境时,许多青年表现出内心的迷茫与慌乱,严重缺乏主动承担社会责任的意识和勇气。还有一部分青年内心承受力较弱,在遭遇挫折和失败之后容易自暴自弃、鲁莽冲动,使自身的情绪极端化发展,极其容易受到外界环境的刺激而产生情感的消极波动,这也导致新时代中国青年很难形成稳定的社会责任感。新时代中国青年缺乏良好的自我调节能力,在遇到困难时不能够快速地从消极情绪中解脱出来,例如在自身所选择工作并非第一选择时,许多青年就出现了工作倦怠,缺乏职业责任心的频繁跳槽行为屡见不鲜,对社会责任的践行能力不够。

此外,随着生活水平的不断提高,青年的生活、工作、学习环境不断改善,这容易导致青年丢弃艰苦奋斗的优良传统美德,尤其是新时代中国青年大部分是独生子女,更加优越的环境和条件使青年与社会现实的距离不断拉大,使青年极易受到个人本位主义的影响和感染,出现自私自利、只讲索取不讲奉献、爱慕虚荣等消极的人生价值观,而集体主

义和国家利益至上的观念越来越淡薄。青年主体性的弱化内在影响了其社会责任感的发展，部分青年的社会责任意识淡漠，缺少奉献、友爱、互助意识。有些青年不思进取，看不到社会责任感对自己人生发展的重要性，更看不到社会责任感对国家、民族和社会的重要意义，社会责任认知能力弱，责任情感淡薄，导致部分青年失去应有的社会责任感，进而缺乏社会责任行为的自觉性和主动性。因此，青年自身对社会责任的认知弱化及在实践上的知行不一，成为青年社会责任感提升的一个严重桎梏。

第五章　新时代中国青年社会责任感培养的现实审视

本章阐述了新时代中国青年社会责任感培养的重要意义及存在的问题。在社会发展形势下，针对青年群体开展社会责任感培养具有重要的现实意义，主要体现在：是促进新时代中国特色社会主义发展的客观要求、是实现中华民族伟大复兴的动力要求、是促进全面建成小康社会的应有之义、是弘扬中华民族优良道德传统的必然要求、是加强新时代中国青年思想政治教育的迫切要求、是激发新时代中国青年社会属性的内在要求。同时，我国在青年社会责任感培养方面还存在诸多问题，主要体现在：培养观念淡薄、培养内容不系统、培养方法不科学、培养途径和载体单一、培养模式缺乏协调性等方面，这些短板十分不利于青年社会责任感的形成和发展及其培养。

第一节　新时代发展对青年社会责任感提出新要求

新时代的到来为中国青年的社会责任感提出了新的要求，要求青年要树立远大的理想，拥有强烈的爱国情怀，勇敢担当时代赋予的责任，并持之以恒地为中华民族伟大复兴而努力奋斗。同时要求青年要练就过硬的本领，养成良好的道德修养，真正全方位、多角度地进行自我塑造，最终在担当社会责任的过程中将自身培养成为德智体美劳全面发展的时代新人。

一、新时代中国青年要树立起远大的理想

理想是人生的启明星，是漫漫航海征程中的灯塔，没有理想，青年的发展便漫无目的，更容易受到复杂社会环境的影响，受到外来文化的侵蚀，继而出现价值迷失、理想信仰陨落、社会责任淡薄等问题。新时代的到来，开创了一个崇尚理想、执着追求目标的时代，无论是国家发展、社会建设，或者是公民教育、青年培养，都拥有了更加具体的目标。然而，在当前我国社会急速变革的阶段中，青年受到的外部诱惑和干扰层出不穷，青年要想坚定信念、守正创新，必须要树立对马克思主义的信仰、对中国特色社会主义的信念、对中华民族伟大复兴中国梦的信心。因此，新时代的到来，要求中国青年要树立远大的人生理想、家国理想和世界理想，在新的征程和新的起点上去创新创造，在理想和使命的感召下释放青春热情与智慧。

二、新时代中国青年要拥有强烈的爱国情怀

爱国不能仅藏在内心，爱国更要付诸行动。新时代是一个国家走向更加昌盛、综合国力不断增强、世界影响力逐步扩大的时代，这伟大的成绩需要青年通过努力奋斗来延续，需要一代一代青年在爱国情怀的感

召下,接过前人的接力棒,在成绩上创造奇迹,在奇迹上引领未来。新时代的到来要求中国青年要心怀国家,忧心民族的命运。要坚持听党话、跟党走,始终坚持不忘本来、不骄不躁,让爱国主义的伟大旗帜始终在心中高高飘扬。通过努力学习、默默实践,将对国家和民族的情感转化到实际行动之中,而并非在网络新媒体平台中摇旗呐喊,做爱国的先锋,却在现实生活中做行动的"矮子"。要求新时代中国青年的爱国情怀要与行动保持一致,实现知行统一。真正形成"先天下之忧而忧"的忧患意识,形成"苟利国家生死以,岂因祸福避趋之"的决心气魄,在这种强烈爱国情怀的感召下,主动推进社会进步,并更进一步担当民族和世界发展的大任。

三、新时代中国青年要勇敢担当时代责任

新时代赋予了中国青年新的责任和使命,要求中国青年要努力承担起自我责任、他人责任、家庭责任、社会责任、国家责任和世界责任,具体而言,更包括对维护社会稳定和谐的责任、推进科技创新的责任、推进文化传承与发展的责任、维护生态环境的责任、维护网络环境纯洁健康的责任、遵纪守法责任等等。这些责任既是独立的个体,又紧密相连。新时代的到来,要求中国青年多方面发展,强化责任意识,从对自我负责出发,不断建立对家庭、社会、国家和世界的"共情",这种共情,是共同的深刻情感,就是将自己的命运与世界命运结合起来,将自己的价值与国家和民族的价值结合起来,在实现价值统一、精神一致的基础上,勇敢担当责任,主动履责践责,养成不逃避责任、不回避问题,直面困难和挑战的果敢精神,真正在新时代的新征程中,敢于发出声音,敢于做出决定,敢于亮出底色。

四、新时代中国青年要执着奋斗与努力拼搏

奋斗与拼搏是青年不虚度光阴、不悔青春的必然选择，选择了奋斗拼搏，就选择了不同的人生之路，就是选择了挑战艰难险阻，选择了敢于吃苦、克服困难，这些品质恰恰是新时代发展对优秀社会建设者的品质要求。因此，中国特色社会主义新时代，要求中国青年勇敢地成为走在时代浪头上的领军者和拓路人，要踏踏实实地奋斗，不浮躁、不虚荣、不自满，要做好长期奋斗的准备，要敢于承担拼搏的风险，能面对可能到来的一切结果，以积极的心态，执着的精神，不错的努力，持之以恒地追寻伟大的中国梦。要求新时代中国青年要勇敢劈波斩浪、开拓前进，以创新和创造向党和人民交出合格的答卷。更要求新时代的中国青年要团结一致，在追寻伟大中国梦的进程中，通过磨炼本领，成为德智体美劳全面发展的社会主义建设者和接班人。

五、新时代中国青年要练就过硬本领

习近平总书记指出："青年是苦练本领、增长才干的黄金时期。"① 从习近平总书记的生平发展来看，正是由于青年阶段扎根基层、磨炼本领，才形成了习近平总书记心怀人民、励志推进国家发展的坚定决心。在青年时期学习本领，尤其能够获得更高的效率、收获更优秀的成果。这是由青年特殊的心理和生理条件决定的。青年拥有执着的态度、旺盛的好奇心和不服输的斗志，只有将这些品质作用到学习上，作用到磨炼本领上，才能提升青年的思想境界和能力水平。因此，新

---

① 习近平：《在纪念五四运动100周年大会上的讲话》，北京：人民出版社2019年版，第10页。

时代要求青年的社会责任感要以学习和本领磨炼为基础。要求青年具备高度的学习责任感与紧迫感。新时代中国青年要努力学习马克思主义立场观点方法，注重提升自身的多方面素养，培养自己的真才实学，使基础知识更加扎实，拓展知识更加丰富，以创新创造贡献国家。

六、新时代中国青年要锤炼品德修养

人无德不立，良好的道德素养是青年的必备品质，只有拥有了良好的道德品质，青年才能不逾矩地创新，才能在道德的范畴内释放青春才华。当前，社会各领域的道德现象集中在网络新媒体平台中展现，冲击着青年的道德认知。而新时代是开启公民道德建设新纪元的时代，新时代对青年履行社会责任的要求，本质上是对青年道德修为提出的要求。习近平总书记强调："我们要建设的社会主义现代化强国，不仅要在物质上强，更要在精神上强。精神上强，才是更持久、更深沉、更有力量的。"① 新时代中，青年要形成正确的道德认知，养成良好的道德习惯，形成理性的道德标准，付诸踏实的道德实践，要在真正意义上打牢道德根基，要坚持以德立身，明辨是非、恪守正道，要能够抵御诱惑，不随波逐流。更要学会感恩、尊重付出、敬畏奉献。不断塑造自身的内在精神世界，在学习、生活和工作中，自觉内化和践行社会主义核心价值观，始终以高尚的道德标准要求自我，不断提升自身的人生境界，积极承担起净化社会道德环境、培育时代新风的社会责任。

---

① 习近平：《在纪念五四运动 100 周年大会上的讲话》，北京：人民出版社 2019 年版，第 11 页。

第二节 新时代中国青年社会责任感培养的现实需要

新时代中国青年作为我国开展社会主义建设事业未来的中流砥柱，承担着促进我国社会繁荣发展的历史使命，他们拥有怎样的社会责任感直接关系到我国未来发展的程度与方向。新时代中国青年正处在世界观、价值观、人生观和社会责任感形成的关键时期。根据青年社会责任感形成的过程和规律，可知科学正确社会责任感的形成离不开社会责任感的培养和教育。对新时代中国青年进行社会责任感培养不仅关系到时代发展、民族前进和社会建设的进程，更关系到中华民族优良传统道德继承与发扬的程度，也关系到青年思想政治教育和青年自身全面发展。因此，促进新时代中国青年社会责任感的培养，帮助其树立科学正确的社会责任感，使其具备良好的社会责任素养，具有重要的现实需要。

一、促进新时代中国特色社会主义发展的客观要求

当前，从世界范围来看，整个世界进入大发展大变革大调整时期，国际形势变幻莫测，总体格局深度重塑，世界全球化进程加速发展。在这样一个大背景下，我国改革开放和社会转型的步伐也不断加快，社会存在决定社会意识，客观实际的变动必然引起社会意识的变化。近些年来，我国的综合国力得到了稳步的提升，人民群众的物质与精神文化生活更加的丰富，与此同时，国内各种文化思潮相互激荡，我国传统文化中弘扬的家国意识、责任意识以及奉献精神等道德思想正在遭受着前所未有的考验。社会领域的责任感缺失问题日益严重，我国目前面临的社

会转型是历史发展的结果，也是中国人民选择的结果。历史的人干历史的事，也担历史的责，解决新时代中国面临的各种问题，要靠我们每一个人努力。

党的十九大提出了一个重大论断：经过长期努力，中国特色社会主义进入了新时代。"这个新时代，是承前启后、继往开来、在新的历史条件下继续夺取中国特色社会主义伟大胜利的时代"。① 新时代有新的矛盾变化，新时代有新的历史使命，新时代有新的责任担当。新时代的最大特点就是，我国社会主要矛盾已经转化为人民日益增长的美好生活需要和不平衡不充分的发展之间的矛盾。社会主要矛盾的变化，既是对人民生活需要转变的客观把握，更是对满足人民对美好生活愿景提出了新目标、新任务和新要求。新时代有新变化，更有新要求。新时代中国青年作为新时代中国特色社会主义发展的重要力量，担负着推进新时代发展、实现中华民族伟大复兴的责任。新时代的到来为中国青年提出了更高更具体的责任，培养新时代中国青年社会责任感成为促进新时代中国特色社会主义发展的客观要求。

同时，解决新时代社会主义主要矛盾也需要重视和加强青年社会责任感培养。在新时代的伟大进程中，谁都没有理由当看客，不能只取"红利"，而不承担相应的代价或阵痛。新时代中国青年作为我国经济社会改革发展的重要成员，必然要承担起其应有的社会责任。例如：中国经济的健康发展需要青年拥有强烈的社会责任感，人与人、人与自然之间的和谐相处、社会的和平进步更需要青年拥有强烈的社会责任感。由此，提高青年的社会责任感已经成为我国经济社会发展的基本需求。青年是中华民族繁荣昌盛的人才力量，是我国跻身世界强国的重要筹码，我们要敢于正视社会转型和变革中的矛盾，积极解决困难和问题。进一

---

① 习近平：《决胜全面建成小康社会 夺取新时代中国特色社会主义伟大胜利》，载《人民日报》，2017年10月28日，第1版。

步提高新时代中国青年在推进国家建设、促进民族团结、提升社会服务的社会责任感，强化新时代中国青年对于社会责任感的理解和感悟，加强青年对社会责任感的内心认同，引导新时代中国青年自觉履行社会责任，进而迸发其对中国社会改革和转型发挥的正能量，成为当前加快时代发展的客观要求。

二、实现中华民族伟大复兴的动力要求

中华民族是一个伟大的民族，创造了源远流长充满魅力的中华文化，中华民族屡经磨难而"其命维新"，中华民族创造的中华文明在几千年的历史长河中不仅没有得到中断，反而以不断创新的姿态屹立于人类世界文明中。中华文明的延续发展与创新离不开中华各个民族的努力团结、奋斗和前进的爱国主义和民族精神。爱国主义是一个国家、一个民族凝聚人心的重要思想基础和不断追求进步的强大动力。同时，民族精神也是一个民族得以持续生存和发展的先决条件，社会是否具有活力、创造力和凝聚力，在很大程度上要受到民族精神不同程度的影响，可以说民族精神是一个国家与社会赖以生存的宝贵精神支柱。江泽民曾经说过："民族精神是一个民族赖以生存和发展的精神支撑。一个民族，没有振奋的精神和高尚的品格，不可能自立于世界民族之林。"[①] 也恰恰是在民族精神与爱国主义的鼓舞下，国家和民族生成了自强不息的精神，也生成了强大的凝聚力和生命力，并出于对国家和民族强烈的社会责任，中华民族用辛勤的劳动和聪明的智慧创造了光辉灿烂的物质文明和精神文明。也正是有了强大的民族精神与爱国主义情怀的支撑，中华民族才能够在无数的磨难和打击中屹立不倒，并始终走在时代的前沿，

---

① 江泽民：《江泽民文选》第三卷，北京：人民出版社2006年版，第559页。

始终在人类发展中发挥着强大的影响力。

中华民族的伟大复兴是一个长期的历史过程，从鸦片战争到五四运动的风云变幻 80 年间，中国一步步沦为半殖民地半封建社会，中华民族的危机不断加深，当时社会的主要矛盾是帝国主义和中华民族的矛盾，封建主义和人民大众的矛盾，摆在中国人民面前的主要任务是民族独立、人民解放。为了实现中华民族的独立和自强，中国社会的各个阶层和先进人士在中国先后掀起太平天国运动、洋务运动、戊戌变法、辛亥革命等救亡图存运动，由于各种内外因素，这些运动和探索都以失败告终，没有能挽救民族、挽救国家的危急与苦难。在灾难深重的祖国被列强瓜分、民族被分裂的危亡时刻，青年们喊出了"还我青岛""拒绝和约签字""收回山东权利"等口号。青年们奋起救国救民的英雄的壮举和革命的豪情，将个人及青年的命运、前途与国家、民族的命运紧紧相连，担当起时代赋予的历史重任。

改革开放以来，我国人民群众的民主意识、独立意识、求知意识、科学意识、竞争意识以及服务意识逐渐增强，这些精神素质既使爱国主义和中华民族精神的内涵更加丰富，又使爱国主义和中华民族精神在保持优秀传统的同时更具有现代气息和时代风貌。在新的时代条件下，我们只有大力培育爱国主义和民族精神，才能增强民族奋发前进的动力。新时代中国青年作为我国社会建设事业的接班人，加强新时代中国青年的社会责任感培养能够促使青年本身树立起国家和民族观念，促使新时代中国青年重视自身所肩负的国家和民族责任，树立起国家统一意识、国家安全忧患意识、救亡图存意识和民族复兴意识，进而使新时代中国青年为把祖国建设成一个富强、民主、文明、和谐、美丽的社会主义现代化强国而奋发努力。因此，重视新时代青年社会责任感培养是推动民族奋发前进，实现中华民族伟大复兴的动力要求。

三、促进全面建成小康社会的应有之义

党的十八大明确提出,在中国共产党成立一百年时实现全面建成小康社会的宏伟目标。全面建成小康社会是我国迈向中华民族伟大复兴的新征程,全面建成小康社会需要有一个和谐、稳定、团结、友爱的社会环境作保障。党的十九大进一步提出,当前,国内外形势正在发生深刻复杂变化,我国发展仍处于重要战略机遇期,前景十分光明,挑战也十分严峻。全党同志一定要登高望远、居安思危,勇于变革、勇于创新,永不僵化、永不停滞,团结带领全国各族人民决胜全面建成小康社会,奋力夺取新时代中国特色社会主义伟大胜利。实现全面建成小康社会已经到了攻坚阶段。当前,我国已经进入改革攻坚期和深水区,社会的和谐稳定直接影响到我国政治、经济以及文化的总体发展,尤其关系到全面建成小康社会伟大任务的完成。在这一过程中,社会责任感的弱化成为当前我国社会所面临的一个突出问题,并导致社会部分群体出现了信仰迷茫,而由此所引发的社会问题是不容小觑的,从长远来说严重阻碍了全面建成小康社会目标的顺利实现。新时代中国青年作为全面建成小康社会的主力军,在面临新情况、新问题和新机遇面前应勇于担当起应有的社会责任。

全面建成小康社会需要新时代中国青年具有良好的社会责任感。第一,全面建成小康社会是一个民主和法治的社会。社会主义社会的不断发展必然要使我国社会的民主与法治进程进一步加快,然而,社会主义的民主并不是绝对的、没有约束的自由,而是义务和责任相辅相成的民主,社会成员不仅要享受民主权利,同时也要承担一定的社会责任和义务。此外,小康社会的建设目标也要求每一位社会成员都能够知法守法,能够用法律的武器维护自身的权利和国家的尊严,从而更好地去履

行自身的社会责任。第二，全面建成小康社会是一个公平正义的社会。社会公平和正义的实现需要社会各领域利益关系的和谐和人民内部矛盾的平息，这就要求社会成员必须要在具体的社会工作岗位中履行自身的岗位责任，努力维护社会的公平与正义。因此，从这一点来说，社会的公平与正义需要强化新时代中国青年的社会责任感培养。第三，全面建成小康社会是一个体现诚信与友爱的和谐社会。良好风气的形成要求社会成员之间要和睦共处、诚实守信、相互帮助、精诚团结，而这些品质必须要在社会责任感的基础上才能够得以形成。加强对新时代中国青年社会责任感的培养，使新时代中国青年养成良好的社会责任感，通过组织和参加扶贫助残、社区服务、敬老爱幼等志愿工作，让新时代中国青年用青春的活力与激情在广泛的社会建设中发光发热，实现与他人的和平共处，努力消除与他人间的隔阂，促进人际关系的和谐。第四，全面建成小康社会是一个迸发活力的社会。创造是全面建成小康社会的特点之一，我们当前所拥有的一切文明成果都来源于人的创造，然而由人类创造出的文明成果可以是服务社会发展的，也可以是阻碍社会进步的，如核武器、非法食品添加剂等，要想抑制这些阻碍社会稳定与发展的物质产生，就要求人们拥有社会责任感。人们只有拥有了强烈的社会责任感，才能够创造有益于社会发展的物质，才能使创造更好地促进人类社会的进步。新时代中国青年作为一个具有很强创造力的群体，其社会责任感直接关系到其创造力能否推动社会的进步，因此要加强对新时代中国青年创造力方向的引导和教育。第五，全面建成小康社会是安定、有序和团结的社会。这要求每一位社会成员都能够恪尽职守，坚决地维护国家的统一、领土的完整，维护这难得的稳定社会局面。加强新时代中国青年社会责任感培养，有助于使新时代中国青年树立起强烈的爱国精神和民族统一意识，促进社会的安定、有序和团结。第六，全面建成小康社会是一个人与自然和谐相处的社会。人与自然的和谐相处需要人类对自然进行合理的开发与保护，需要人类尊重自然，平等地对待自然，有节制地利用自然资源，并自觉地控制人口的增长。而这一切的实现都是以高度的社会责任感为前提。加强新时代中国青年社会责任感培养，有助于使青年树立起高度的生态责任感，促进人类与自然的可持续发展。因此，加强新时代中国青年社会责任感培养是促进全面建成小康社会的应有之义。

四、弘扬中华民族优良道德传统的必然要求

我国正在建设社会主义现代化强国，也在建设社会主义现代化道德。当今的社会主义环境已不同于以农耕文明为基础的小农经济社会，然而，中华民族优良的道德传统是不可被割裂的，尤其是优秀的传统道德对新时代中国青年社会责任感的影响是不可忽视的。我们必须面向现代化，正确对待和弘扬中华民族的优良道德传统，积极汲取传统文化中的人文精神的精华。中华民族漫长的历史孕育了优良的道德传统，其丰富的内涵和思想精髓是先辈们为当代人留下的珍贵财富。"公私之辨"与"义利之辨"是贯穿于中华民族传统道德演变的两个重要的分支，在公与私的区分方面，《诗经》中曾提到"夙夜在公"的说法，即社会成员要不分日夜地为国家的发展与建设做出贡献。随着时间的推移，到了西汉时期，在《治安策》中贾谊提出了明确的责任要求——"国而忘家，公而忘私"。宋代的范仲淹则提出了至今仍为人们所广泛传扬的经典名句"先天下之忧而忧，后天下之乐而乐"，深刻地表达了个体对于民族和国家长治久安的责任感。"天下兴亡，匹夫有责"，明末清初的大学者顾炎武对于责任作出了更为清晰的阐述。在"义利之辨"方面，孔子曾提出了"君子义以为质"，"君子义以为上"的主张，倡导社会成员要尊崇"义"，并自觉地把"义"作为自身言行的指导，内化成为一种

宝贵的精神品质。在孔子提出的"义"的基础上，孟子再次提出了经典论断"生，亦我所欲也；义，亦我所欲也；二者不可得兼，舍生而取义者也"，由此可以看出在孟子关于责任的思想中，个体的"义"要高于生命。进入新时代，社会主义荣辱观的提出使人们进一步了解了"八荣八耻"的核心精髓，社会主义荣辱观对于"义利之辨"做出了深刻的总结，更要求社会成员要以"见利忘义为耻"。由此可知，"公私之辨"与"义利之辨"都是对于责任感的诠释，更是对于社会、民族以及国家的一种无私奉献精神的表达。也恰恰是由于这种对于社会、国家与民族的强烈责任感，才促使我国的社会在经历重重困境时能够再次走向正轨，社会意识形态能够不偏离航向，才能使国家坚强不倒，人民群众更加团结和睦，这也是一个民族得以生生不息向前发展的先决条件和内驱动力。

改革开放以来，随着我国对外开放程度的加深，外来思潮不断涌入我国，再加之市场经济建设成果和效应的迅速体现，我国社会群众的个体独立意识逐渐增强，人与人之间的利益关系日益复杂化。在此背景下，许多人开始奉行功利主义，唯金钱至上成为一种流行的价值观，道德滑坡的现象也屡见报端。例如"大妈自称被撞讹诈外国小伙"、"老人病倒街头，无人去扶"、"三儿童扶起摔倒老太反被讹诈"以及"2岁女童被碾压，路人冷漠围观"等社会情感冷漠现象使社会群众再一次对于社会的整体道德环境提出了质疑。中华民族的传统道德和社会责任感正在遭受着严重的冲击。因此，在新时代，必须要进一步加强新时代中国青年社会责任感的培养，这不仅是维护社会正义的关键，更是使中华民族传统道德文化得以不断延续的必然要求。

五、加强新时代中国青年思想政治教育的迫切要求

新时代中国青年的思想政治教育是我国整体思想政治教育体系中的

重要环节，青年思想政治教育担负着对青年传授知识和提高青年素质的两项重要任务。在青年的综合素质构成中，思想政治素质尤为关键。当前针对新时代中国青年开展的思想政治教育具体包括价值观教育、爱国主义教育、理想信念教育、法制教育以及道德品质教育等内容。其中，开展爱国主义教育的目的是要在当前市场经济条件下，提高新时代中国青年的社会责任意识水平，培养新时代中国青年的民族精神与时代精神。价值观教育则是要使新时代中国青年拥有正确的价值观念，在处理个人与集体利益、个人与他人利益冲突的过程中，能够做出正确的选择，从而明确人生态度，理性地看待社会现阶段的发展实情。开展理想信念教育的目的则是要培养新时代中国青年对于国家和民族的责任感，积极主动地将社会主义伟大事业的建设内化成为个人的崇高理想，坚定马克思主义信仰。而法制观念教育则是要进一步增强新时代中国青年的法律知识，使新时代中国青年能够清楚地了解国家的法律制度，不仅可以运用法律武器来做到自我保护，还能够自动自觉地承担起相应的法律责任与义务。道德品质教育则是要培养新时代中国青年诚实守信的品质，在日常学习、生活以及工作中能够遵守公民的基本道德规范，对于自身的道德品质做出严格的要求，从而树立起以集体主义为原则的社会主义道德观。

综上可知，新时代中国青年思想政治教育工作能否顺利地开展并取得实质性的成效，关键在于新时代中国青年自身对于社会责任的意识高低。然而，从当前情况来看，我国针对新时代中国青年所开展的社会责任感培养相对不足，教育任务并没有很好地完成，仍然有大量青年对于生活缺乏信仰，人生目标模糊，"游戏人间"的处世态度在新时代中国青年群体中普遍存在，而深刻反思这些问题的深层次原因，则与对新时代中国青年社会责任感培养的不足有着必然的联系，因此，增强青年社会责任感的培养已经成为新时代中国青年思想政治教育工作者所面临的重要任务。

六、激发新时代中国青年社会属性的内在要求

21世纪是人与自然和谐发展的世纪,社会全面发展的世纪,人的全面发展的世纪。实现人与自然的和谐发展和社会的全面发展,关键要靠人的全面发展来实现。随着科学发展观的提出,特别是把"以人为本"作为新时代党的执政理念和治国方略以后,人的全面发展,特别是青年的全面发展,越来越多地引起人们的关注。在全国教育大会上,习近平总书记指出:"在党的坚强领导下,全面贯彻党的教育方针,坚持马克思主义指导地位,坚持中国特色社会主义教育发展道路,坚持社会主义办学方向,立足基本国情,遵循教育规律,坚持改革创新,以凝聚人心、完善人格、开发人力、培育人才、造福人民为工作目标,培养德智体美劳全面发展的社会主义建设者和接班人。"① 在关于学校培养什么样的人、怎样培养人的问题上,习近平总书记在北大师生座谈会上指出:"我先给一个明确答案,就是我们的教育要培养德智体美全面发展的社会主义建设者和接班人。"② 新时代中国青年是一个具有较高文化素养的群体,他们的肩上担负着社会主义现代化建设和中华民族伟大复兴的重任,同时,新时代中国青年群体拥有很强的可塑性,他们正值成长的关键时期,青年开始从青涩逐渐走向成熟,他们正在为走向社会参与社会建设做准备,这一时期也是青年形成社会责任感的重要阶段。苏联学者科恩曾提道:"青年期最有价值的心理

---

① 习近平:《坚持中国特色社会主义教育发展道路 培养德智体美劳全面发展的社会主义建设者和接班人》,载《光明日报》,2018年9月11日,第1版。

② 习近平:《习近平在北京大学师生座谈会上的讲话》,载《人民日报》,2018年5月3日,第2版。

成果就是发现了自己的内部世界及价值。"① 这一阶段的青年开始着手处理自身与社会的关系问题，同时开始考虑自身与社会的价值的关系及选择等问题。

加强青年社会责任感培养是促进青年承担社会道德责任的重要途径。青年社会责任感培养的本质功能是形成和增进青年的德性，使青年自觉地履行社会道德义务。因此，对青年进行社会责任感培养最重要的就是对其进行社会道德教育。社会道德教育是一种素质教育、人格教育，一种面向未来，培养抉择能力的教育，谁也不能否认社会道德是现代人的重要素质之一，是人格高尚的一种表征。社会责任感引导和约束着社会个体的行为和思维方式，在一定程度上影响着个体价值观的形成，对个体怎样认识自我、家庭、社会以及国家，怎样处理人与自然、人与社会、人与人的关系都有重要的影响。加强青年社会责任感培养可以促进青年身心健康地成长，帮助他们解决在成长过程中面临的很多棘手问题，如世界观、人生观和价值观选择的混乱和冲突，心理失衡等现象，使他们在面临复杂的社会问题矛盾和冲突时有足够的理性和清醒的意识进行正确的选择。加强青年社会责任感培养，能够使大学生正确地认识个人利益与集体利益的关系，促使他们从社会责任感的角度出发将对个人利益的维护逐步上升到国家利益的维护上来，从强调对人的单方面关怀上升到对于自然界所有事物的关注中去，自觉地将个人的综合全面发展与社会、国家和民族的发展进行有机地统一，从而使青年的整体道德水平得到升华和提炼。

青年社会化是事关青年成长和发展的重要环节，新时代中国青年作为我国现代化建设的新锐力量，他们自身社会化过渡的完成情况可以说直接关系到国家和未来社会的走向及中华民族的兴衰。青年社会化是指

---

① 〔苏联〕科恩:《自我论》,佟景韩、范国恩、许宏治译,北京:生活·读书·新知三联书店1986年版,第179页。

青年在成长过程中，通过一系列的学习与实践等教育活动从而实现自身向社会人的转换过程，一方面青年要学习必要的专业技能，同时还要在这一过程中提高自我意识，树立起健康、正确的价值观念，从而实现自身向社会人角色的转变。在青年阶段，青年人最根本的任务之一就是努力促进自身社会化的转变，实现从自然人向社会人的顺利过渡。青年社会化的完成主要体现在其实现政治和道德的社会化、专业知识的社会化和社会角色的社会化。

对青年进行社会责任感培养有利于激发青年的社会属性，促进青年社会化的实现。第一，通过社会责任感培养，推动青年树立正确的政治观和道德观，面对社会问题和矛盾能从一定的政治和道德立场做出自己的思考和判断。在培养新时代中国青年社会责任感过程中，合理引导新时代中国青年群体客观理解自身与他人、集体、社会以及国家的关系，实现新时代中国青年世界观、人生观和价值观的内化，培养其正确社会责任感，推动个人与社会共同进步。第二，通过社会责任感培养，提高了青年社会责任的认知态度，提高了其社会责任感的素养和实践能力。使青年更加清楚地认清自己的社会位置，明确自己的历史使命，为将来担当新的社会角色做好准备。第三，对新时代中国青年进行社会责任感培养也将会激发其学习和创造的热情，自觉地充实和完善自己，为国家的现代化建设做好知识和能力方面的储备。不但可以提升新时代中国青年适应社会的能力，使青年真正地深入社会、参与社会、服务社会，而且还有助于他们在实践中发现自身的不足，实现从理论到实践再到理论的飞跃，培养其树立正确的社会观，使其全面客观地认识社会、并发现自我对社会的价值和意义，从而将青年潜在的社会性挖掘出来，提高青年的社会化水平，推进青年社会化的发展。

第三节　新时代中国青年社会责任感培养存在的问题

当前，新时代中国青年素质教育已经引起社会的高等重视，从宏观上来看，党和国家及相关部门也越来越关注新时代中国青年素质的教育和培养。但从微观上来看，新时代中国青年社会责任感培养作为青年素质教育的一个重要组成部分，还相对薄弱，主要表现在以下几个方面：新时代中国青年社会责任感培养的观念淡薄，培养的内容不够系统性，培养的方法不够科学，培养的途径和载体较为单一，培养模式协调性不足等问题。新时代中国青年社会责任感培养的薄弱对新时代中国青年社会责任感的形成和发展十分不利，欲使新时代中国青年树立起积极健康的社会责任感，还须深入审视新时代中国青年社会责任感培养中存在的不足之处，从而提高新时代中国青年社会责任感培养的针对性和实效性。

一、青年社会责任感培养理念滞后

社会责任感培养在青年社会责任感形成和发展过程中的作用是举足轻重的，能够对青年进行有计划、有目的、系统化、理论化、正规化的社会责任感培养和引导。然而，新时代中国青年社会责任感的培养在新时代中国青年成长过程中的重要地位和作用认识不足，对立德树人任务的领悟和落实不够，对立德和树人的关系把握不准确，没有把新时代中国青年社会责任感的培养放在重要位置，而是过于看重新时代中国青年的专业素质、技能素质等的提高和就业率的提升。在复杂多元化的价值观面前，新时代中国青年自身和教育者们更多的是客观地承认青年社会责任感缺失的正常状态，虽然想到了培养和引导，但是对于社会责任感在整个德育内容甚至在新时代中国青年人才培养体系中所处的地位的重要性并没有给予普遍应有的重视。

从整个社会范围来看，各种因素影响着新时代中国青年，社会对青年的要求偏重于青年的技能、文凭和其他方面的能力，很多单位在招聘工作人员时，只看重青年单方面能力的测评，而对青年的包括社会责任感在内的思想道德素质方面的测评往往流于形式。从学校来看，当前，在我国中学长期存在着智育为主，而长期忽略综合素质教育的问题，这一问题由来已久。在应试教育模式下，学生的考试成绩成为评价学生优秀与否的唯一标准，然而这种片面的评价却严重地忽略了学生品德素养的发展和水平，这对于中学生的全面发展十分不利。在实施素质教育开始后，由于教育改革在适应社会转型方面相对落后，真正的素质教育还没有在全国范围内完全普及开来，许多学校狠抓升学率，过分看重学生的试卷分数，却忽略了为学生的品德打分，由于在德育方面的忽视，直接造成了青年社会责任感的不足。

在大学阶段，也存在较为普遍的现象，很多大学只看重大学生的专业技能和就业率，轻视大学生的心理素质、人文素养的培养，忽视大学生的全面发展，这种现象在当前的一些职业院校更为明显。虽然职业院校在培养人才方面发挥着重要的作用，但往往忽视大学生综合素质的培养，尤其是忽视了大学生社会责任感的培养。这样容易把大学生培养成怪才或者偏才，致使大学生毕业后很难适应复杂社会的需要。从家庭来看，很多父母对子女的教育也存在较为严重的偏向，过于看重子女的智力教育，对子女的学业成绩过分关注，忽视子女的个性心理品质、人格、价值观念、社会责任感、道德素质等教育，比如很多中学生在假期往往被父母安排到各种补习班中，补习各门功课、美术、音乐等，只有少数父母在假期带着子女参加各种社会实践活动。来自社会、学校以及家庭社会责任感教育的不足，在潜移默化中给新时代中国青年一个错误的信号，直接影响了青年自身对社会责任感的认知和情感，导致很多青年以社会、学校和家庭的片面要求为衡量自身发展的标准，从而在学习、工作和生活中，也忽视了自身对社会责任感培养的重视。

二、青年社会责任感培养内容不够系统

青年社会责任感培养作为一种有目的、有计划的实践活动，其发展始终要围绕着统一性和多样性的基本矛盾，这种基本矛盾在很大程度上制约着青年社会责任感的培养。由于青年社会责任感培养的观念还相对单薄，所以在我国青年教育内容体系中关于社会责任感培养内容相对较少。一方面，社会责任感培养内容缺少一个以主导价值观为核心的社会责任感培养理论体系；另一方面，社会责任感培养的具体内容零散，缺乏系统性。社会责任感培养内容科学性、系统性的缺乏是影响青年社会责任感培养的关键因素。

青年社会责任感培养内容不系统主要体现在：第一，缺少一个以主导价值观为核心的社会责任感培养理论体系。目前青年受各种因素的影响，其价值取向日益多元化。而青年社会责任感培养内容却对此没有做好准备，尚未形成一个以主导价值观为核心的社会责任感培养理论体系。这种分散的社会责任感培养，既不利于青年社会责任感的自发形成，也不能形成合力来加强青年社会责任感的培养。面对青年人日趋复杂的价值选择，形成一个以主导价值观为核心的社会责任感培养理论体系作为新时代中国青年社会责任感培养的主要内容是新时代中国青年教育的必然选择。第二，社会责任感培养的具体内容零散，缺乏系统性。

社会责任感培养的内容应该是一个具有系统性的理论体系,才能在青年社会责任感培养过程中实现其培养的针对性和实效性,但是目前的社会责任感培养内容除了缺少一个以主导价值观为核心的社会责任感培养理论体系以外,其培养的具体内容也非常零散,没有一个系统性的理论体系。目前,在中学阶段,中学生的社会责任感培养内容缺乏一个具体的系统的内容体系,只是在某一节课或者某次实践活动中进行一些教育,并没有把社会责任感作为一项重要的任务专门编写相关教材。高校只在思想政治理论课中有少量的社会责任感培养内容,而在专业课的教育中则很少涉及社会责任感培养,社会责任感培养在很多高校的实施带有明显的随意性和零散性,缺乏系统性和连贯性。具体表现在一方面没能够将社会责任感贯穿于各专业课程之中,另一方面又表现为不能根据社会责任感所处的年级和专业差别进行有针对性的培养和引导,只重视社会责任感某一方面的培养而忽视其他方面的教育,如只重视青年对国家和民族的责任,而忽视社会和家庭的责任,或者忽视人类和生态的责任等。

三、青年社会责任感培养方法不够科学

所谓方法,"是人们为了认识世界和改造世界,达到一定目的所采用的活动方式、程序和手段的总和"。[①] 社会责任感培养方法就是培养者对培养对象所采取的思想方法和工作方法及其他的方法等。在这里,思想方法是培育者对培养对象认识的方法,工作方法是培育者对培养对象实施培养活动的方法。青年社会责任感培养方法就是根据青年社会责任感形成的过程和规律及变化的特征,帮助青年树立积极健康的社会责任

---

① 陈万柏、张耀灿:《思想政治教育学原理》,武汉:华中师范大学出版社 2009 年版,第 181 页。

感的手段和方式。其内容包括社会责任感培养的工作手段、培养途径、培养的特殊方法和培养的艺术方法等。在现实中，各个方法不是孤立发挥作用的，而是相互促进，相互支持，是一个具有系统性、层次性很强的方法体系。青年社会责任感培养是一个系统性和复杂性很强的教育活动，其方法也应该是丰富多彩，形式多样的，因此，在青年社会责任感培养过程中，只有把各个方法综合起来运用，建立一个系统的方法论，才能切实提高青年社会责任感培养的实效性。

当前，青年社会责任感培养的方法主要以理论灌输为主，其他的多种方法或被忽略或不受重视，以至于新时代中国青年社会责任感的培养缺乏创新性、科学性与针对性。"社会和人文科学的教学，学生也只能从书本到书本，作为一种知识来掌握，作为一种教条来背诵，以应付考试。学校有时组织一些实践活动，也常常是为了'点缀'一下素质教育，并非真正让学生成为活动的主人。重知识灌输、轻道德实践的结果，是我们成功地培养了许多会说'漂亮的人话'、却未必能够'做正确的事情'或'把事情做正确'的孩子。"[①] 不可否认理论灌输方法在青年社会责任感培养过程中发挥的重要性。理论灌输方法作为社会责任感培养的基本方法之一，在青年社会责任感培养过程的方法中起着基础的地位和作用，但也应看到其他方法存在的必要性和重要性。而在现实中，人们往往采用灌输和批评教育的方式针对青年进行刻板的教育，在方法上缺少多元化的思考，没有能够在方式方法上实现创新和改变。例如自我教育法、实践学习法以及榜样示范法等等，这些方法各有各自的特点和不可代替的功能，应当得到足够的重视和利用。青年社会责任感培养方法的不科学直接导致了培养效果的低效，不但影响了青年自身社会责任感的养成，而且由于培养活动的低效也容易让培育者失去培养的

---

① 张华：《青少年主体地位和道德实践模式研究》，载《当代青年研究》，2007年第4期，第21页。

信心，进而导致青年社会责任感培养陷入消极的状态。

四、青年社会责任感培养途径和载体较为单一

途径和载体是青年社会责任感培养不可或缺的重要因素，缺少了途径与载体，那么社会责任感培养就相当于纸上谈兵。在一定程度上来说，青年社会责任感培养仅仅运用说教的办法是行不通的，青年社会责任感的培养必须要与时俱进，要能够时刻反映出时代的需要和号召，根据社会发展的变化，创新青年社会责任感的途径和载体，这是加强和改进青年社会责任感培养的重要条件。青年社会责任感培养的途径和载体是承载、传导社会责任感培养内容的途径和载体，能为培养者所运用，且主客体可借此相互交互、相互作用的一种活动形式。如谈话、理论学习、管理工作、社团建设、志愿活动、文化建设、网络新媒体、精神文明建设活动等，都可以成为青年社会责任感培养的途径和载体。培养者正是通过这些途径和载体对培养对象进行培养并与其进行双边互动活动，从而达到一定培养目的。

青年社会责任感的形成和发展，是各种途径和载体共同发挥作用的结果。因此，必须采取多样化的途径和与之相适应的载体才能达到社会责任感培养的目的。但是，长期以来，青年社会责任感培养的途径和载体还比较单一，在培养过程中，出现片面采用理论学习的载体和途径，这种方式带来的直接后果是青年对社会责任感培养产生厌倦情绪，甚至抵制和逃避接受培养，而其他途径和载体的功效没有充分发挥出来。

青年社会责任感培养途径和载体单一主要表现在：第一，青年社团存在的问题。青年社团作为青年社会责任感培养活动的重要载体和途径，对青年社会责任感的形成和发展起着重要的作用。但是，因为资金、政策等原因，青年社团建设与现实要求还有一定的距离，青年社团

无论是组织机构、制度建设，还是活动方式上都还处于成长阶段，相关的制度还很不规范，其活动内容和方式也比较单一。第二，青年志愿活动存在的问题。青年志愿活动是青年参与社会、体验社会和奉献社会的重要途径和载体，但是在现实中，青年志愿活动由于志愿组织不力、资金缺乏、得不到社会的广泛支持、志愿者自身力量的薄弱等问题，导致我国青年的志愿活动范围狭窄，影响力远没有达到要求，在青年社会责任感培养方面发挥的功效还比较低。第三，网络新媒体存在的问题。网络新媒体作为青年社会责任感培养的新途径和载体，它承载着大量丰富的信息和资源，在青年社会责任感培养过程中的作用越来越明显和突出，由于网络新媒体的负面效应在青年社会责任感培养过程中没能有效控制，甚至出现反面的作用，导致网络新媒体的互动交流、信息传播、组织发动的功能和作用在青年社会责任感培养过程中没有充分发挥出来。

五、青年社会责任感培养模式协调性不足

青年社会责任感的形成和发展过程是一个社会化的过程，社会、学校、家庭、青年自身、制度保障在青年社会化过程中相互制约、相互促进、共同作用于青年。同时，随着国内外环境越来越复杂，对青年社会责任感产生影响的因素日益呈现出多元化、复杂化的趋势，单一的培养模式已经不能适应青年社会责任感培养的形势需要。因此，青年社会责任感培养还须注意社会、学校、家庭、青年自身和制度保障之间的协调性。但是，根据新时代中国青年社会责任感培养过程中的实际情况，社会、学校、家庭、青年自身和制度保障之间并没有真正融合和相互配合，还存在较为严重的隔阂，相互协调机制还没有完全建立和运转起来。

青年社会责任感培养模式缺乏协调性主要体现在：第一，从社会大环境看，社会只是把青年社会责任感缺失作为一种社会现象，并把青年社会责任感的培养看作是学校和家庭及青年自身的事情，与社会环境没有关系，这违背了社会环境是青年社会责任感形成和发展的社会基础的规律，容易导致社会存在与社会意识分离，使青年社会责任感失去社会环境土壤的培育。第二，从学校看，虽然对青年社会责任感的培养越来越重视，但是无论中学还是大学，对青年社会责任感培养的深度和广度还相对有限，不能结合社会发展的客观要求，同时忽视家庭和青年自我教育的作用，培养力度上势单力薄，不能形成青年社会责任感培养的合力。第三，从家庭看，很多家庭只从对父母和家庭其他成员责任的角度出发来培养青年的家庭责任感，对青年的国家和民族及人类和生态的责任视而不见或者根本没有概念，缺少对青年存在社会环境的分析，在培养方式上也是家长一言堂的形式，青年自身只能服从父母的言训，自我辨别和自我矫正能力被压制，从而使家庭在培养青年社会责任感方面出现了畸形的现象。第四，从青年自身看，很多青年没能对当前社会环境进行客观的分析，没能把握时代发展的潮流，对自身在社会发展进程中的作用和价值缺少理性的认知。此外，对学校与家庭的教育心存厌恶，并极力逃避学校和家庭的教育，认为社会责任感的培养通过自身努力就可以完成，这容易导致青年产生盲目的、片面的社会责任感意识。第五，从制度保障看，新时代青年社会责任感培养需要健全有力的制度作为保障，但从现实来讲，对新时代青年社会责任感培养的制度建设还相对落后，如何发挥制度保障作用还需要不断完善和强化相关制度，把制度建设融入新时代中国青年社会责任感培养的各个环节，充分发挥制度的保障作用，为新时代中国青年社会责任感培养提供坚实的制度保障基础。

因此，青年社会责任感的产生与后期发展整体过程中的各个环节和影响因素之间存在的不统一和不协调问题，是影响青年社会责任感培养的桎梏，为加强青年社会责任感培养的实效性，需要协调社会、学校、家庭、青年自身和制度保障之间的关系，使之相互促进、相互配合，从而生成强大的青年社会责任感培养合力。

第六章　新时代中国青年社会责任感培养的原则、评价与路径

本章重点阐述新时代中国青年社会责任感培养的具体原则、评价，在此基础上，提出了新时代中国青年社会责任感培养的具体路径。

第一节　新时代中国青年社会责任感培养的原则

青年社会责任感培养的原则是开展教育培养活动时应遵循的基本行为准则，反映了青年社会责任感培养活动的客观规律。确立青年社会责任感培养的原则对青年社会责任感培养具有重要的意义。马克思曾经指出："原则不是研究的出发点，而是它的最终结果；这些原则不是被应用于自然界和人类历史，而是从它们中抽象出来的；不是自然界和人类去适应原则，而是原则只有在符合自然界和历史的情况下才是正确的。"[1] 根据马克思的这一观点，青年社会责任感培养的原则是从青年社

---

[1] 《马克思恩格斯文集》第9卷，北京：人民出版社2009年版，第38页。

会责任感培养实践中抽象出来的，只有符合青年社会责任感培养的现实情况，遵循青年身心成长的客观规律，才是科学的培养路径。因此，在新时代中国青年社会责任感培养的过程中，要根据青年社会责任感的形成过程和规律及培养的目标和任务，确立在青年社会责任感培养过程中带有宏观性、起着导向规范作用的青年社会责任感培养原则，并在青年社会责任感培养过程中始终坚持这些原则，以确保青年社会责任感培养活动的顺利开展和实施。

一、主导性原则

主导性原则指的是开展青年社会责任感培养工作时，要始终遵循的政治导向的准则。即青年社会责任感培养要坚持和维护社会主义主流意识形态的主导地位，具有明确的政治方向。邓小平指出："我们干的是社会主义事业，最终目的是实现共产主义。这一点，我希望宣传方面任何时候都不要忽略。"① 主导性原则是青年社会责任感培养本质的反映，在中国特色社会主义现代化建设中，青年社会责任感培养要明确体现我国社会主义的性质，必须与中国共产党的纲领和宗旨相一致，充分体现党的宗旨，坚持把党的总路线、方针、政策教育同社会主义、共产主义、道德教育相结合，坚持从当前的社会发展和教育对象出发，加强青年的个人理想、社会共同理想和共产主义远大理想相结合，树立社会主义意识形态的主导地位，提高青年社会责任感培养的科学性与指向性。

坚持主导性原则，第一，坚持和维护社会主义主流意识形态的主导地位。在当今意识形态多元化的国际背景下，西方各种思潮大量涌入中国，对青年的思想行为产生了深远影响。在这种情况下，青年社会责任

---

① 《邓小平文选》（第三卷），北京：人民出版社1993年版，第110页。

感培养必须高扬社会主义旗帜，坚持马克思主义理论的指导，坚持中国共产党的领导，坚持走中国特色社会主义的科学发展道路，开展党的基本理论教育，引导青年正确认识我国的革命、改革和建设的历史规律，认识国家的前途命运，认识到自己的社会责任，确立在中国共产党领导下走中国特色社会主义道路、实现中华民族伟大复兴的共同理想和坚定信念，牢固树立社会主义意识形态的主导地位。第二，坚持青年社会责任感培养内容的主导性。青年社会责任感培养要把马列主义、毛泽东思想、中国特色社会主义理论体系作为主导内容。马克思主义理论正确反映了自然、社会和人类社会发展的客观规律，集中地代表了无产阶级和广大人民群众的根本利益。只有坚持马克思主义，特别是要坚持马克思主义中国化最新成果武装青年的头脑，深入贯彻科学发展观，树立和践行社会主义核心价值观，才能真正实现青年社会责任感培养内容与我国国情的相结合，实现理论与实践的统一，才能提升青年社会责任感培养的自觉性，进而促进全面建成小康社会的建设进程。同时，在青年社会责任感培养过程中要进一步加强爱国主义、集体主义、社会主义等教育的主旋律，努力培养和造就合格的社会主义现代化建设接班人。第三，把主导性原则贯彻到青年社会责任感培养的全过程中。青年社会责任感培养是一个长久持续的过程，不但每一个环节要坚持主导性原则，而且要在全过程中始终坚持和贯彻主导性原则，预防和避免青年社会责任感培养过程中出现"两张皮""空话"等现象，使主导性原则体现在青年社会责任感培养过程中的方方面面，增强青年对国家政治和社会问题的判断性，巩固青年的主流意识形态和政治立场。同时，把主导性原则作为青年社会责任感培养长期坚持的原则，在青年成长的不同时期，都把主导性原则置于首要位置，切实有效地作用到具体的教育工作当中，以保证青年社会责任感培养始终保持在正确的发展轨道上。

二、主体性原则

主体性原则指的是在新时代中国青年社会责任感培养的工作中，必须要突出青年作为受教育者的主体地位，挖掘青年配合思想政治教育的积极主动性，从而更好地实现新时代中国青年社会责任感的培养目标。一般来讲，在青年社会责任感培养过程中，教育者是培养主体，受教育者是培养的客体。然而因为青年作为受教育者并不是完全受制于教育者的影响，事实上青年接受教育的过程本身也是一个自我教育和调整的过程，因而，从这个意义上讲，青年也是其培养的主体，并发挥着重要的作用。青年社会责任感培养只有通过青年积极主动地接受教育并内化为自己的思想和行为，才能在青年的成长过程中发挥作用。主动性的培养是提高青年社会责任感培养实效性的关键因素，因此，要想使青年社会责任感培养收获更好的成效，就必须要始终坚持主体性原则，在社会责任感培养的过程中充分地发挥出不同主体的能动作用。

坚持青年社会责任感培养的主体原则，要正确处理教育者和青年之间的关系。青年社会责任感培养是教育者和青年之间的思想、情感的双向交流和沟通的活动，培养的目的总是在教育者发挥主导作用和青年发挥能动作用的相辅相成的过程中实现的。因此，应当辩证地看待教育者和青年之间的关系。一方面，不能忽视教育者的教育主导作用，青年作为受教育者的主体性需要教育者的激励和启发才能体现出来，那种片面的夸大自我教育的作用而否定教育者的主导作用的观点是不可取的。另一方面，我们也必须看到，教育者对青年提出社会责任感培养目标，最后仍然需要青年将自身所学习到的理论知识转化成为现实的行动才能实现教育的价值。这个过程是教育者没法代替的。只有当青年能正确认识自己、评价自己、并能自觉地按照社会要求履行相应的社会责任，培养的目的才算达到。因此，青年社会责任感培养的教育者和青年之间的辩证关系，决定了青年社会责任感培养必须坚持主体性原则。

坚持主体原则，首先必须要有效地发挥出教育者自身的主导作用，这也是落实主体性原则的内在要求。强调主体性原则，并不是要否定和取消教育者的主导作用。在青年社会责任感培养过程中，教育者的主导作用是不可缺少的。大量实践经验证实，教育者的积极能动性发挥得越充分，那么受教育者的能动性才能够有效地被调动起来。因此就必须要多管齐下地广泛开辟教育渠道，创新教育方法，切实提高教育者自身的综合素养，从而使教育者在青年社会责任感培养过程中能够更好地承担起教育者的主导作用角色。第二，努力培养青年的自我教育能力。教育家陶行知曾说过："教是为了不教"，其意思是说通过教育使教育对象具有主体意识和自我教育的能力后，他们就可以通过自我教育而自我发展，进而促进教育目标的实现，这正是青年社会责任感培养主体原则的核心内涵。因此，教育者在引导青年接受社会责任感的培养时，不仅要"授之以鱼"，更要"授之以渔"，努力提高青年自我教育的能力，激发青年自我教育的积极性、主动性和自觉性。为此，要通过各种途径和措施加强青年自我教育的能力，如引导青年积极投身社会实践、参加社会公益活动，在实践中正确认识自我，恰当评价自我，合理调节自我，自觉规范自我，从而形成较强的自我教育能力。第三，注重将个体和集体成员间的互助互教结合起来。青年社会责任感的主体原则，既强调每一个教育对象的自我教育，又提倡集体成员之间的相互教育、相互帮助。这是因为自我教育和相互教育是相辅相成、相得益彰的，一个健康的集体的自我教育实际上既包括集体成员个体的自我教育，又包括集体成员之间的相互教育。在青年社会责任感培养过程中，应注重将个体和集体成员间的互助互教结合起来，特别是注重通过集体去教育每一个人，着力提高整个集体的自我教育能力和水平，以此促进青年个体自我教育能力的提升。

三、层次性原则

层次性原则是在青年社会责任感培养过程中，要从现实情况出发，意识到青年个体之间存在的差异性，结合青年群体的自身的特征与本质，进行有针对性的培养，开展分层教育。层次性原则是青年社会责任感培养的一个重要原则。在现实生活中，由于青年年龄阶段的划分不同，身处不同年龄的青年各有不同的心理特征，因而其社会责任感也存在很大的差异，如中学生和大学生两者因年龄和社会阅历及教育程度的不同，其社会责任感存在明显的差异。同时，处于同一群体的青年在生理、心理素质、受教育程度等方面也存在一定的差异。此外，改革开放以来，受市场经济和社会转型的影响，青年群体的划分越来越多样化，比如出现了城市青年、农村青年、打工青年、白领青年、大学生青年等。各个群体之间的差异越来越明显，并更加趋向多样化。青年层次的差异给青年社会责任感培养带来了极大的挑战，因此，在青年社会责任感培养过程中应十分重视层次原则，正视青年的群体差异，分清层次进行教育和培养，使不同层次、不同群体的青年都得到合理的培养，才能进一步提高青年社会责任感培养的针对性。

坚持层次性原则，第一，加强调查研究，划分青年群体之间的层次。要深入实际，加强调查研究，根据我国当前社会的发展现状和趋势，对不同青年的群体进行细致划分，然后在此基础上，通过调查考证，了解不同青年群体之间在社会责任感方面的差异特点。也只有深入地掌握和解析了青年不同群体的具体状况，并将其放在一定时间、地点等条件下进行调查研究，才能全面认识和掌握青年整个群体社会责任感的特征,从而为有针对性地加强青年社会责任感培养提高真实的理论和实践支撑;第二,根据不同层次青年群体的具体情况确定不同的培养目的和内容,选择不同的培养方法和载体。在调查研究和分清层次的基础上,要针对不同层次青年群体社会责任感的现状确定合适的培养目标、内容、方法和载体及途径,以在培养过程中每个层次的青年群体都能受到合理的培养,并在此基础上获得新的成长;第三,为青年社会责任感的培养提供必要的条件,从而使不同层次的青年群体都能够获得有效的培养。分清层次,区别对待,从根本上讲是为了更具有针对性地培养。因此,就必须根据不同层次青年群体生活的环境,创造适宜的环境氛围,使其满足群体发展的共同要求,又能满足个体发展的特殊要求,从而促进每个青年社会责任感的健康形成和发展。

四、渗透性原则

渗透性原则是在青年社会责任感培养过程中把社会责任感的内容融入青年日常生活中去,结合青年的实际情况进行的行为准则。马克思指出:"意识在任何时候只能是被意识到了的存在,而人们的存在就是他们的现实生活过程。"① 青年社会责任感的形成和发展与其日常的工作、学习和生活紧密相连。因此,青年社会责任感培养只有渗透到青年的日常的工作、学习和生活中去,坚持贴近实际、贴近生活、贴近青年,才能更好地了解青年社会责任感状况,发现青年社会责任感存在的问题,并根据问题提出相应的解决对策,使青年在不知不觉中接受社会责任感培养,从而增强青年社会责任感培养的针对性和实效性,进而促进青年社会责任感的形成和发展。同时,坚持渗透原则,有利于青年社会责任

---

① 《马克思恩格斯选集》第 1 卷,北京:人民出版社 1995 年版,第 72 页。

感培养合力的形成。把青年社会责任感培养渗透到各项工作和日常生活中去，就意味着青年社会责任感培养不再是教育者的"独角戏"，而成为社会全体成员都参与的一项活动。因此，渗透原则在青年社会责任感培养过程中发挥着重要的作用。

坚持渗透性原则，第一，要强化教育者结合各项具体工作开展青年社会责任感培养的理念，使教育者能够有意识地把青年社会责任感培养融入各项具体工作和青年的日常学习生活中，使青年社会责任感培养贯穿于青年活动的全程，以对青年实施全方位的潜移默化的影响。如果青年社会责任感培养活动中缺乏渗透意识，就很难达到理想的效果。第二，要注意协调各方面的力量，形成齐抓共管的培养格局。青年社会责任感培养只靠教育者的力量是远远不够的，还需要调动广泛的社会力量参与其中。为此，必须要动员各方面力量多角度地开展青年社会责任感培养，形成一个完善的培养合力和网络体系。第三，优化青年社会责任感培养的渗透方法，改变传统上以理论灌输为主的方法，通过增强社会责任感的说服力来逐步提高青年的认知能力和认知水平，并运用典型引领和先进人物示范来以情动人。用青年喜闻乐见的内容和传播方式，通过说服力和感召力相结合的方式，坚持以理服人，以教育者的信仰力量去打动青年，以典型人物的人格魅力去感染青年，使青年心悦诚服地接受社会责任感培养，并将社会责任感内化于青年的心中，进而转化为青年的自觉行为。

五、顺应超越原则

顺应超越原则是在青年社会责任感培养过程中不仅要遵循客观现实，还要在此基础之上超越现有的环境与水平，构建青年社会责任感培养微观环境的素质和能力的行为准则。正如恩格斯对人的思维与自然界的关系论证一样,他说:"自然科学和哲学一样,直到今天还全然忽视人的活动对人的思维的影响;它们在一方面只知道自然界,在另一方面又只知道思想。但是,人的思维的最本质的和最切近的基础,正是人所引起的自然界的变化,而不仅仅是自然界本身;人在怎样的程度上学会改变自然界,人的智力就在怎样的程度上发展起来。"① 坚持顺应超越原则能使青年在接受社会责任感培养过程中激发自身的潜能的同时,又能实现自身超越的现实能力和道德水平,从而不断提升自身的社会责任感。

坚持顺应超越原则中的"顺应",第一,需要教育者掌握现有环境和青年社会责任感的实际水平。作为教育者一方面要学习和了解青年社会责任感培养的整体环境,掌握宏、微观环境之间的互动,了解微观环境对青年社会责任感产生的影响。另一方面,教育者要掌握青年的思想和行为状况,了解青年个体社会责任感素质与社会发展要求之间的具体差距,发现问题,寻找突破口,以便对症下药、因势利导。第二,"顺应"还体现教育者要顺应科学知识和理论的指引,教育者要掌握教育理论、教育规律、环境理论、心理学理论、创造学理论、社会学理论等,正是由于环境的复杂性和多层次性,需要多学科的交叉性学习。第三,"顺应"还表现为教育者要掌握青年社会责任感发展的需要,在满足青年个体需要的同时,还要"超越"个体需要,最终实现个人与社会共同需要的满足。

坚持顺应超越原则中的"超越",第一,"超越"强调的是教育者在对微观环境进行创造和设计中要在满足个体需要的基础上,超越这种个体需要,培养青年的独立个性,创造性思维、价值判断和社会责任行为能力,激发青年积极融入社会的动机,营造个体发展与社会发展方向相

---

① 《马克思恩格斯文集》第9卷,北京:人民出版社2009年版,第482页。

一致的环境熏陶机制。第二,"超越"还强调青年社会责任感的教育者要学会超越现有环境,在现有环境的基础上,努力营造更有利于个体身心健康和社会责任感全面发展的微观环境。第三,"超越"还表现在青年社会责任感的教育者对自身的超越。教育者不仅要准确把握马克思主义理论中关于实践的观点、环境的认识和对个人与社会、个体与历史的关系等基本理论,还要学习和借鉴西方哲学思想、掌握人学、心理学、社会学、教育学等理论知识,提高自身的素质和教育能力,才能创造出既能实现个体发展,又能满足社会需要的青年社会责任感培养环境。

可见,在顺应超越原则中,顺应是前提和基础,超越是本质和目的。顺应超越原则强调尊重人个性的多样化,实现个体的社会化,主张个体对环境的适应,提倡对个体需要的满足,和对现有条件的超越,并主张个体发展是社会化的结果,重视社会要求必须通过个体的认知和内化来真正转化为个体的社会责任感。同时,顺应超越原则强调了教育者和青年的主体地位,将个人与社会的矛盾运动通过科学的微观环境的创设统一起来,根据微观环境的创设进行有针对性的青年社会责任感培养,这样更加有利于提升青年社会责任感培养的效果。

六、循序渐进原则

循序渐进原则是指在青年社会责任感培养过程中根据青年社会责任感形成的过程和规律,从最基础的社会责任感培养做起,从一个个良好的社会责任行为习惯抓起,步步为营,稳扎稳打,夯实青年社会责任感基础的行为准则。青年社会责任感的形成和发展不是一蹴就成的,而是一个长期、复杂并反复的过程,在这一过程中势必会遇到困难和曲折。青年社会责任感的形成和发展也是一个养成的过程,青年成长过程中,在对自身社会责任感认知不断加深的同时,也对外界的教育不断选择和接受，进而随着年龄和社会阅历的增长及受教育程度的提高，青年社会责任感不断趋于完善。

坚持循序渐进原则是青年社会责任感培养的重要原则。一方面，要根据青年身心发展的规律进行社会责任感培养。青年正处在身心不断成熟的阶段，其身心发展有其自身的运行规律，青年在年龄增长的过程中，身心素质都会得到增强，这个成熟的过程会促使青年产生一定的社会责任感。从某种程度上讲，青年社会责任感的成型和定型是随着其身心的不断成熟而不断形成发展的。因此，对青年进行社会责任感培养要十分重视青年身心发展的规律，了解和掌握青年每一个年龄阶段的身心特征及相应的社会责任感状况，选择合适的培养内容和方法，从而有助于增强青年社会责任感培养的针对性。另一方面，要根据教育的规律进行社会责任感培养。教育本身也是一个循序渐进的过程，任何教育都不是暂时的和即刻的，而是一个漫长的有规律可循的活动。《公民道德建设实施纲要》指出：坚持把先进性要求与广泛性要求结合起来，要从实际出发，区分层次，着眼多数，鼓励先进，循序渐进。因此，青年社会责任感培养作为青年教育的重要组成部分，必须坚持教育的本质规律，从青年社会责任感的实际出发，掌握青年社会责任感的基本道德基础，处理好鼓励先进与着眼多数的关系。同时，把培养青年具有高度负责的社会责任感作为培养的目标，坚持遵循由易到难，由基础到更高阶段的规律，使青年社会责任感培养在循序渐进中完成。

第二节　新时代中国青年社会责任感培养的评价

青年社会责任感培养的评价是青年社会责任感培养的一个基本环

节,是整个青年社会责任感培养过程的有机组成部分,也是实现青年社会责任感培养目标的有力保证。在社会转型发展、价值取向多元化、多样化的现代社会,影响青年社会责任感形成和发展的因素不断增多,导致青年社会责任感培养面临着较大的挑战,因而适时加强对青年社会责任感培养的评价显得尤为重要。评价是对青年社会责任感培养过程的各个环节及时进行信息评价、反馈和调节,是掌握培养动态、驾驭培养过程,调整培养方案、优化培养内容、保证培养目标实现的重要措施。评价是对青年社会责任感培养价值和实际效果做出科学判断,是总结经验教训,加强和改进培养方法,不断提高培养水平的重要措施。同时,评价还能促使青年社会责任感由不知到知,由知之不多到知之全面,由知转向行,实现知行合一。可见,做好评价是青年社会责任感培养的必然要求。

一、新时代中国青年社会责任感培养评价的要求

了解和掌握新时代中国青年社会责任感培养评价的要求是做好评价的基础。新时代中国青年社会责任感评价的要求必须坚持以新时代青年本身的实际情况和特殊性为着眼点;用唯物辩证法的原理认识、理解、分析综合新时代中国青年社会责任感培养的现状;坚持发展的观点;坚持开放的观点,以综合掌握新时代中国青年社会责任感培养评价的要求。

(一)坚持以青年本身的实际情况和特殊性为着眼点

青年社会责任感培养是一项理论性和实践性都很强的教育活动。对青年进行社会责任感培养只有从青年本身的实际情况为出发点,充分认识和把握青年的身心特征以及其社会责任感形成和发展的规律。坚持从

实际出发，进行认真的调查研究，掌握青年社会责任感的真实现状。同时，还有根据青年群体的实际情况，认真分析青年不同群体的具体特点，包括性别、年龄以及成长环境等等，青年社会责任感培养的评价离开了对青年具体特点的掌握，就不能够科学地针对培养结果进行正确、客观、有效的评估。因此，只有掌握了青年本身的实际情况和特殊性，青年社会责任感培养的评价才具有真实性和科学性。

（二）坚持运用唯物辩证法的原理

唯物辩证法既是马克思主义关于物质世界普遍联系的科学理论，也是青年社会责任感培养评价的最根本的方法。坚持唯物辩证法在青年社会责任感培养评价中具有重要的意义，第一，坚持唯物辩证法就要求青年社会责任感培养的评价必须坚持联系的观点。在青年社会责任感培养评价中不仅要看青年在接受培养后本身社会责任感的变化情况，而且还要看青年的个别活动是教育者和外界干预的成果。第二，在进行青年社会责任感培养评价时，必须要始终运用唯物辩证法，这不但是客观评估青年社会责任感的重要前提，也是当前开展青年社会责任感培养的有效途径之一。运用唯物辩证法的基本方法与观点能够有效地归纳出青年社会责任感培养的经验，把握青年社会责任感培养的基本规律。此外，运用唯物辩证法才可以有效地感知青年社会责任感的当前基础，这为青年社会责任感培养的评价提供了重要的理论和实践借鉴。

（三）坚持发展的观点

在社会多种要素的发展和作用之下，人的思想才能够产生深刻的变化，尤其是对于青年来说，他们的价值观念和思维方式是始终动态变化的，其社会责任感还处于不稳定状态，易受外界环境的影响。青年社会责任感也是一个由萌芽、发展、形成到成熟的持续过程，因此，青年社会责任感培养的评价就必须坚持在发展中观察、分析、评估青年社会责任感培养前后的变化以及培养过程中的表现，并从中得出青年社会责任感培养的经验和教训，以此来评价青年社会责任感的培养是否符合青年社会责任感形成和发展的规律和内在要求。

（四）坚持开放的观点

青年社会责任感培养的评价要具有开放的意识，一方面，青年社会责任感培养的评价要始终秉持与现代化教育相适应的原则，必须要与当前我国的社会主义现代化建设相符，与我国新时代的社会政治、经济、文化、社会、生态、党建及祖国统一趋势相结合，以提高青年社会责任感培养的时代性。另一方面，青年社会责任感培养的评价要坚持与世界文化教育发展的主流趋势相结合。青年社会责任感培养作为一个国际性的话题，必须要放眼世界，要将目光置于世界的角度来看问题，要从整体人类的生存与发展角度来培养新时代中国青年的全局意识和整体人类社会的责任感，这对于青年的长远发展来说具有极大意义。

二、青年社会责任感培养评价的特点

青年社会责任感培养的评价在具有评价活动一般特征的同时，也具有自身的一些特点。根据青年社会责任感评价的规律和要求，青年社会责任感培养评价具有导向性、动态性、对比性、系统性等特点，这些特点对提高青年社会责任感培养教育有重要的意义。

（一）导向性

青年社会责任感培养评价的目的在于改进和完善其培养的方法和对策。"建立某种评价的运行机制对实现评价的目的具有极大的推动作用。"① 青年社会责任感培养评价本身是一种有组织特点的计划性活动，是根据既定的评价标准进行价值判断的整体过程。通过有效的调查、整理、分析与评价，可以第一时间发现当前社会背景下青年社会责任感存在的问题，了解问题产生的原因，从而有针对性地开展青年社会责任意识培养，在不断的调整适应中逐渐发现问题，解决问题，以不断优化培养的方法和措施。同时，青年社会责任感培养评价还是对某一个单位、部门和组织关于青年社会责任感培养的评价反映，起到了一定的引领作用，从而促使这些单位、部门和组织的培养按照相应的培养要求做好培养工作，进而朝着青年社会责任感培养指标所要求的方向发展。

（二）动态性

青年社会责任感培养评价的动态性特点表现在多个方面。首先，对于青年社会责任感培养进行评价并不是片面的固态过程，而是一个多变的动态过程。包含目标的制定、材料的收集与整理、资料的研究与分析，信息的反馈与指导等多个环节，一系列的步骤；其次，青年社会责任感培养与青年社会责任感的形成和发展，均是一种不断运动变化的过程，二者的效果通常不能够共同产生，而是要在一定的时间沉淀后才能够显现出来。所以必须要坚持运动发展的眼光和动态的观点来评价青年社会责任感培养的最终成效，注意经常收集青年社会责任感变化的相关信息，把日常的培养和定期的培养结合起来，使青年社会责任感培养的评价更加客观、全面、公正。再次，通过有意识地调整培养指标体系的设计，加强某些培养指标体系的权重，可以引导评估对象积极主动地克服某些薄弱环节，朝着既定目标前进，更好地发挥评估活动对青年社会责任感培养的动态调节作用。

---

① 项久雨：《思想政治教育价值论》，北京：中国社会科学出版社2003年版，第223页。

（三）对比性

青年社会责任感培养评价从另一个角度反映了青年社会责任感培养的基本现实与预期教育目标二者之间的必然联系，因此，青年社会责任感培养的最终评价必然要与既定的目标关联，简而言之就是将青年经过责任感培养之后的表现与教育目标进行详细的比对，通过这些对比，可以判断出青年社会责任感培养的实际效果，认识青年社会责任感培养的发展水平，发现培养活动中的问题和不足，明确以后的培养方向和任务。

（四）系统性

青年社会责任感培养本身具有一定的难度和复杂性，其自身的作用、功能的发挥必须要在一定的条件下才能体现出来。因此，在对于青年的社会责任感培养进行评价的过程中，必须要善于运用系统分析的办法，深入分析和挖掘影响青年社会责任感的因素，在整合青年社会责任感培养的评价标准、方案以及指标的过程中，科学、客观地总结青年社会责任感培养过程中的实践细节，重点掌握这些节点在青年社会责任感培养的过程中的价值所在，从而从现实角度确保评价的指标与方案都能够与客观实际相符。在对具体的部门与单位进行青年社会责任感培养的过程中，不仅要做好细节和局部的工作，更要重视对整个青年社会责任感培养的总体分析，做到局部与整体的有机结合，对青年社会责任感培养做出全面的评价。此外，青年社会责任感培养评价总是针对一定的对象展开的，不同的对象在青年社会责任感培养系统中存在着层次差别，评价工作应充分考虑到这种系统的层次性，根据不同的评价对象设计不同层次的评价要求和指标。只有这样，青年社会责任感培养的评价才具有针对性和可行性，其评价反映出的对象情况才具有现实性和真实性。

三、青年社会责任感培养评价的标准

青年社会责任感培养评价的标准,是指青年社会责任感培养评价的正确尺度,这一评价的标准跟随着社会的变迁而变化,随着人类的进步而发展,更伴随着青年的成长而成长,因此这一评价标准是动态变化的,是与时俱进的,是科学正确的。当前我国正处于社会转型时期,社会转型带来的价值多元化,导致价值评价的标准也多元化,这为确定青年社会责任感培养评价的标准带来一定的困难。根据时代和社会及青年思想的发展变化,青年社会责任感培养的评价标准包括以下几种:

(一)以青年社会责任感培养所产生的具体社会效果作为评价标准

青年社会责任感培养的最终目的是培养出能够履行社会责任行为的主体。青年社会责任感培养的具体实践行为本身是教育者和教育对象两者之间产生互动和交流的过程,这种交流与互动是客观存在的,其产生的效果也是客观存在的,因此,可以结合二者互动后的社会反映来进行青年社会责任感培养的评价,对于培养的结果和水平进行综合的评估和考察。在进行青年社会责任感培养时,教育者与教育对象两者之间互动、辩证的关系使青年社会责任感培养实践具有可评价的特性。青年社会责任感培养的计划、目标和过程以及改进培养的途径、手段都必须要与具体的实践要求相符合,都必须要在实践中得到检验和分析。因此,青年社会责任感培养是否满足青年和教育者的共同愿望,是否能够适应社会发展的需求,都必须要在现实的考验中才能够显现出来。

（二）以青年是否自觉地把推动社会生产力进步和个人成才有机结合起来为评价标准

邓小平曾指出："各项工作都要以是否有助于人民的富裕幸福……作为衡量做得对或不对的标准。"① 从这一点我们可以看出，当前我国社会建设的最为根本的任务就是要实现人民群众生活的幸福，就是要以人民利益的实现为根本，也是实现中国梦的必然选择。青年作为推动社会生产力发展的生力军，其在生产力的进步中发挥着不可替代的作用。同时，对青年进行社会责任感培养就是要对其施加推动社会发展进步的社会责任感，使其把个人的理想与我国的社会建设的总体目标联系起来，为了促进我国社会的发展和民族的兴旺，为实现中国梦而履行自己的社会责任感。

（三）以是否有利于青年的全面发展为评价标准

马克思主义认为人的全面发展是人的彻底解放的根本标志，也是实现共产主义的根本条件之一。青年社会责任感培养的重要目的就是通过社会责任感的培养促进青年的全面发展。青年社会责任感培养有助于激发青年学习和创造的热情，自觉地充实和完善自己，为国家的现代化建设做好知识储备和能力储备。不仅能提高青年的社会服务能力，使他们真正走进社会、了解社会、服务社会，投身到社会实践中去，加强他们与社会之间的互动。而且还有助于他们在实践中发现自身的不足，实现从理论到实践再到理论的飞跃，培养其树立正确的社会观，使其全面客观地认识社会、并发现自我对社会的价值和作用，从而激发其社会属性，提高其社会化能力，加快其社会化的进程，实现其适应社会与改造社会统一。因此，在进行青年社会责任感培养时还必须要考虑到青年的

---

① 《邓小平文选》第三卷，北京：人民出版社 1993 年版，第 23 页。

综合发展和全面、健康成长作为青年社会责任感培养评价的重要标准。

四、青年社会责任感培养评价的方法

青年社会责任感培养评价方法是实现青年社会责任感培养评价的重要手段。有了正确的评价标准和机制，如果没有适宜的评价方法，青年社会责任感培养评价仍然很难达到预期的效果。因此，青年社会责任感培养评价要结合评价目标的实际需要以及评价对象自身的基本特点，采取多种不同的评价方式，进一步提升青年社会责任感培养评价的效果。

（一）实地调查评价法

这种评价法主要是运用问卷调查、走访、问卷发放以及量表测试等多元化的手段对于青年社会责任感培养的成果进行客观的评价，实地调查是其中的一个重要的步骤，要求评价者必须要真正地深入到青年社会责任感培养的第一线，对青年社会责任感培养的各个环节进行实际考察和调查研究，详细了解青年社会责任感培养活动开展情况以及教育者和青年的思想、学习以及日常生活的基本情况。通过切实有效的实地考察，对于受教育者的学习成果产生直接性的感知，从而对青年社会责任感培养的活动和成果做出初步的观察与判断。抽样调查必须要以实地调查为前提，从整体的调查和评价对象中选取部分被调查者作为考察的样本，是一种对于样本进行科学分析从而对于培养成果进行例行推断的调查方法，运用此种方法能够有效地提高青年社会责任感培养的实效性和科学性。此外，追踪调查也是考察青年社会责任感培养效果的重要手段，其不仅考察当前的培养成果，同时还要对于其培养的过程进行实时的监控和追踪，并对于未来的培养发展情况作出科学的预期，从而有助于全面掌握评价对象的历史情况、现实状况和未来发展趋势，更加深刻认识青年社会责任感培养的历史经验和教训，并对青年社会责任感培养的效果有一个动态的评价。

（二）定性评价和定量评价

定性评价和定量评价是以事物质与量的规定性为客观依据，任何事物都有质的规定性，也有量的规定性，青年社会责任感培养也不例外。其中青年社会责任感的定性评价是通过对青年社会责任感的性质进行分析与综合，最后得出结论性评价的方法。诸如判断青年社会责任感培养是否有效，是正效果还是负效果，方向是正确的还是错误的，以及青年社会责任感的特征是积极还是消极的，是进步还是落后等，都要用定性评价方法。定性评价有一定的局限性，其只能对青年社会责任感培养做出原则的、大致的、趋向性的判断。青年社会责任感培养的定量评价是对评价对象的各种量的关系进行收集、整理和分析，最后得出结论性评价的方法。诸如判断青年社会责任感培养的范围、群体、青年社会责任感特征的具体分析以及培养对青年社会责任意识和行为的作用程度等，都要用定量评价。但是由于青年社会责任感培养的指标量化有相对性和一定的模糊性，因此，定量评价对青年社会责任感培养也只能做相对的判断，所以，在青年社会责任感培养活动中，往往将定性评价与定量评价结合起来运用。具体操作可分为三步：首先，评价者要对青年社会责任感培养的概括作初步的定性评价，为定量评价确定方向和范围。接着，要对青年社会责任感培养的各种量的关系进行分析和比较，把握评价对象的度。然后还要对定量评价进行归类综合，得出合理的结论，即作更高层次的定性评价。只有把定性评价与定量评价结合起来，青年社会责任感培养评价才能更具真实性和科学性。

（三）自我评价和他人评价

青年社会责任感培养的自我评价是指评价对象在青年社会责任感培

养过程中，特别是培养活动进行一个段落后，就自身的思想和行为进行反思或反省，哪些是肯定的，哪些是否定的，哪些需要改进，以及如何改进等。自我评价往往表现为自我总结、自我批评与自我鉴定。青年社会责任感培养的自我评价同教育者与青年的自我教育、自我修养是紧密联系在一起的。自我教育、自我修养越自觉，自我评价就越有效。自我评价的核心是自我判断，自我判断的关键是要掌握判断的标准，即绝对标准和相对标准。绝对标准是通过努力可以达到的客观要求与奋斗目标，如国家和民族的社会责任感。相对标准是指同其他人相比较所采用的标准，或者自身在发展过程中选择的衡量尺度。选取的标准越高，其评价的要求就越高。当然自我评价要根据自身的实际情况进行，不能自高自大，也不能对自己评价过低，自暴自弃。青年社会责任感的他人评价主要是指外界的组织和部门以及他人对培养的评价意见。他人评价需要对评价对象充分了解的基础上进行测评和提出意见，因为他人评价可以作为青年社会责任感培养评价的重要参考和借鉴。在实际评价活动中，需要把自我评价和他人评价结合起来运用。因为青年社会责任感培养既需要自我教育、自我鞭策，又需要常"照镜子"，相互教育、相互鞭策。只有把两者结合起来，青年社会责任感培养才能更加清醒地审时度势，其评价结果更趋准确。

（四）网络评价法

青年社会责任感培养的网络评价方法是指利用现代网络手段对青年社会责任感培养进行检测评价的方法。它是以当今以网络为主的新传媒为平台，以青年社会责任感培养信息的获取、交流、反馈、评价为手段，对青年社会责任感培养的现状、效果及发展趋向进行评价和判断。网络评价方法对青年社会责任感培养具有重大的意义。网络评价相比其他评价方法具有显著的特点，一是评价主体多样。互联网的普及为评估主体的参与提供了一个便捷的平台，使各个评估主体都有机会参加评价。二是评价平台虚拟。网络评价突破了传统区域和时间的限制，评价者可在由网络组成的虚拟空间开展评价活动。三是评价方式自由。高度发达的网络技术使评价者可以在任何时间、任何地点进行自由的评价，四是评价过程的信息化。在进行评价时，评价者和被评价对象之间的活动可以通过信息交流进行，实现评价过程的信息化。五是评价技术智能化。网络评价改变了传统的人工评价，并向智能方式转变。六是评价活动社会化。网络评价促进了全社会的参与，全社会公民和组织通过网络都可以成为评价的参与者。青年社会责任感培养的网络评价方法使青年社会责任感培养评价更具现代化和科技化，评价手段多样化、方式方法更具灵活性，打破了传统上的受时空、地点限制的缺陷，并从很大程度上弥补了传统评价的不足，从而使青年社会责任感培养的每一个环节变得更省时、更省力、更民主、更准确。因此，网络评价的采用使青年社会责任感培养评价开启了一个崭新的局面，并不断得到优化。

五、青年社会责任感培养评价的机制

青年社会责任感培养评价的机制是青年社会责任感培养评价的重要保障。主要包括青年社会责任感培养评价的内在机制和外在机制。其中内在机制主要是指青年对自我社会责任感产生的良心感和荣辱感，外在机制主要指的是法律的约束和习俗的陶冶。青年社会责任感培养评价只有把内在机制和外在机制结合起来，才能实现青年社会责任感培养的综合评价。

（一）内在机制

良心感和荣辱感是青年社会责任感培养评价的内在机制。良心感和荣辱感是人们最重要的道德情感，也是青年社会责任感形成过程中内在的作用机制。"良心"是一个古老又重要的道德范畴，其基本含义就是指人们内心对是非善恶的道德意识，它是与责任和义务密切相联系的范畴。一方面，良心是一种对他人和社会强烈的社会责任感，这种社会责任感驱使人们按照社会的道德要求去履行自己的社会责任义务；另一方面，良心还是人们进行自我评价的深刻心理体验，对符合社会道德要求的行为感到欣慰和满足，对违背社会道德要求的行为感到耻辱和不安。良心在青年社会责任感形成和发展过程中起着基础性的地位，也对青年社会责任感培养的评价发挥着重要的作用。其一，良心是调节社会责任行为的心理机制，它控制着青年社会责任意识动机的方向。其二，良心是调节社会责任行为的进行机制，它控制着青年社会责任行为的整个过程。

"荣辱感"是道德个体对社会或他人的言行予以褒贬后而产生的荣誉或耻辱的道德情感。荣辱感在青年社会责任感形成和发展过程中也发挥着重要作用，是青年社会责任感培养评价的重要内在机制。引导青年树立正确的荣辱感观念，增强青年的近善远辱、趋荣避辱的社会责任情感，有利于青年树立良好的社会责任感和履行相应的社会责任行为，同时，也为青年社会责任感培养评价从道德情感的角度提出了要求。为此，青年社会责任感培养评价要坚持以良心感和荣辱感为重要内在机制，考察青年对良心感和荣辱感的反映和态度，引导青年客观地认识到何为荣誉、何为责任，认识到荣誉的实现必须要以履行客观责任和义务为前提，最终促进青年社会责任感的形成和发展及其培养的科学评价。

（二）外在机制

法律约束和习俗陶冶是青年社会责任感培养评价的外在机制。其中法律约束为青年社会责任感培养评价提供了法律保证。《公民道德建设实施纲要》指出："公民道德建设是一个复杂的社会系统工程,要靠教育,也要靠法律、政策和规章制度";"加强社会主义法制,是公民道德建设健康发展的重要保证。"青年社会责任感作为公民道德教育的重要组成部分,也离不开法律的约束和保证。法律约束在青年社会责任感培养评价中发挥着重要的作用,一是通过法制对行为的规范作用,为青年社会责任感培养提供良好的道德环境。法律通过规范青年的行为而引导青年自觉约束自觉,将自己的行为纳入法律允许的范围内,促使青年趋善避恶,择善从之。当前部分青年社会责任感缺乏的现象,其中原因之一就是法制的薄弱,比如,青年遇见老人摔倒不去搀扶等现象,这种现象的频繁发生不但是因为青年社会责任感的缺乏造成的,也是由于这种行为大多数受到道德的谴责,而没有受到法律惩罚。这对青年社会责任感培养产生了非常不利的后果。二是通过法制促使青年实现其社会责任感培养由他律到自律的转变。法制是促使青年遵守社会责任规范、自觉履行社会责任义务、积淀社会责任素质的必不可少的环节。青年社会责任感的形成也是一个由不自觉到自觉、由他律到自律的过程,在这一过程中,社会责任感会得到循序渐进的提升,所以对青年社会责任感进行培养评价必须坚持法制约束的作用,为青年社会责任感培养创造良好的社会环境,注重对青年的发展观的教育和引导。

"习俗陶冶",习俗即风俗习惯,是一个社会在较长一段时间内逐渐发展而成的风俗以及历史的绵延向前而代代相传的区域习惯,在青年社会责任感培养评价的过程中风俗也是一个极为重要的作用机制,好的习俗能够达到法律、纪律无法收到的效果。习俗在青年社会责任感培养评价中的作用机制主要体现在两方面,一方面,习俗作为法律的补充,对青年社会责任感形成起着督导作用。习俗虽然没有法律的效力强大,但是在青年社会责任感形成中的作用并不比法律的作用弱。风俗习惯在青年社会责任感形成和发展过程中的影响几乎无所不在,并渗透于青年社会责任感涉及的各个领域和各个方面。另一方面，习俗对青年社会责任感的成型和定型起着春雨润物般的濡染作用。针对青年进行社会责任感培养，不仅仅是一种机械的行为方面的约束，而必须要实现青年发自内心的对于教育内容真正的接受，实实在在地心悦诚服，只有如此才可能真正转化为品质。通过习俗在青年社会责任感形成和发展过程中似无声细雨点点入地，通过日常生活和最平常的小事，对青年社会责任感的形成和发展起着潜移默化的影响作用。同时，习俗作为一种传承下来的、约定俗成的、不言而喻的风俗习惯，是一种信念的力量，不需要讲什么道理和问什么所以然，也不需要强硬的指导，就能自然而然地为青年接受和遵循执行。值得注意的是，在青年社会责任感培养评价中强化风俗陶冶的作用时，要积极吸收健康、进步的习俗，并认真清理和摈弃那些对青年社会责任感培养具有负面影响的消极、愚昧、落后的习俗，从而有效发挥和利用习俗对青年社会责任感培养的正面能量。

第三节　新时代中国青年社会责任感培养的主要路径

青年社会责任感不是与生俱来的，而是在一定的社会价值体系引导、社会各方力量的关照、舆论的导向、文化的熏陶等影响下逐步形成的。社会形势的复杂性和青年自身主体的特性给新时代中国青年社会责任感培养的对策提出了极大的机遇和挑战。因此，新时代中国青年社会责任感培养的路径要以积极的态度应对现实的挑战，提升培养的力度；以社会主义核心价值体系为引领，确立培养的价值坐标；以创新驱动为动力，丰富和完善培养的方法、途径和载体；以多方联动机制防控责任失范，构建五位一体的培养模式；以优化文化氛围为工作重点，营造和谐的培养环境；传承中华优秀传统文化的精髓和借鉴国外有益的启示，从而建立多元化的青年社会责任感培养体系，以切实提升新时代中国青年社会责任感培养的针对性和实效性。

一、坚持以习近平新时代中国特色社会主义思想为指导

时代是思想之母，实践是理论之源。党的十九大根据中国特色社会主义发展的新方位和新特点，提出了习近平新时代中国特色社会主义思想，系统回答了新时代坚持和发展什么样的中国特色社会主义、怎样坚持和发展中国特色社会主义。习近平新时代中国特色社会主义思想深化了对共产党执政规律、社会主义建设规律、人类社会发展规律的认识，是对马克思列宁主义、毛泽东思想、邓小平理论、"三个代表"重要思想、科学发展观的继承和发展，是马克思主义中国化最新成果，是党和人民实践经验和集体智慧的结晶，是中国特色社会主义理论体系的重要组成部分，是全党全国人民为实现中华民族伟大复兴而奋斗的行动指南。

习近平新时代中国特色社会主义思想包含着丰富系统的青年社会责任重要论述，是新时代中国青年社会责任教育的理论和行动指南。习近平新时代中国特色社会主义思想关于青年的教育培养有着大量的体现，包含着党和国家对新时代中国青年群体价值、发展现况、潜在能力、发展方向及历史角色的深刻认识。党的十八大以来，习近平总书记围绕"如何认识青年、如何教育引领青年、如何发挥青年作用"进行了富有开拓性的理论创造和实践探索，形成了内涵丰富、特色鲜明的青年社会责任重要论述。在党的十九大报告中，习近平总书记提出"培养担当民族复兴大任的时代新人"的重大战略任务，强调"青年一代有理想、有本领、有担当，国家就有前途，民族就有希望"，这充分体现了习近平

总书记关于青年社会责任论述的精神实质和内在要求。因此，新时代中国青年社会责任感培养首先要坚持以习近平新时代中国特色社会主义思想为根本指导。

以习近平新时代中国特色社会主义思想指导青年社会责任感培养，关键在于如何学习思想、内化思想、转化思想。一是要强化对习近平新时代中国特色社会主义思想的学习。例如近来"青年大学习"行动应运而生，"跟总书记学"系列短视频、"团团带你学"微信专栏、网上主题团课、青年讲师团、青年讲习所等等，丰富、趣味的学习模式，成为学习和传播习近平新时代中国特色社会主义思想的新载体，当代青年用最"潮"的方式来学习、解读、传播马克思主义中国化的最新成果，体现出新时代中国青年追求进步、自我提升的良好意愿。要结合青年热爱学习、善于学习的特点，进一步推进习近平新时代中国特色社会主义思想走进思想政治理论课课堂，建立完整的教学内容体系，将习近平新时代中国特色社会主义思想融入各门科目的课堂教学之中，坚持理论与实际相结合、历史与当下相结合、教材与拓展相结合。同时，要大力开展习近平新时代中国特色社会主义思想探讨论坛，帮助青年学习型社团充实理论内容，引导青年在广阔的社会实践中学习和内化习近平新时代中国特色社会主义思想，使习近平新时代中国特色社会主义思想真正走进中国青年的内心，激励青年不断提升社会责任感。

二、提升青年社会责任感培养的重视程度

当前人类社会面临的社会责任道德危机和青年自身的社会地位共同决定了青年社会责任感培养地位的重要性。当前，我国综合国力逐渐增强，人民群众精神和物质生活水平均得到提高，国内各种文化思潮相互激荡，中华民族优良道德传统所强调的对社会、民族、国家的责任意识

和奉献精神面临着严峻的挑战。当前我国出现的食品安全问题，社会道德滑坡问题、各种丧失廉耻的领导干部的官德缺失问题，人类对自然界的过度开发的各种报道等都是我国现今社会人情冷漠，社会责任感缺失的一个个缩影。中国社会转型的健康有序发展呼唤社会责任感，人与人、人与集体、人与社会的正常交往呼唤社会责任感，人与自然的可持续发展呼唤社会责任感。培养和强化人的责任感已成为社会进步发展的必然要求。新时代中国青年是最具有革新和创造精神的群体，是我国社会发展的未来力量，是中华民族复兴的希望所在，是社会主义经济建设、政治建设、文化建设、社会建设、生态建设的积极参与者和重要力量。他们在推动历史发展变化和社会进步的过程中发挥着非常重要的作用。社会责任感已成为新时代中国青年发展的一种内在需求和衡量青年公民素养的重要指标。青年社会责任感的重要性和地位要求必须高度地重视起青年社会责任感的培养问题，然而由于多方面因素的干扰，新时代中国青年社会责任感培养面临着诸多严重的挑战。根据当前形势分析，新时代中国青年社会责任感培养面临的挑战既有来自青年自身的挑战，也有来自外在培养的挑战。

随着历史的发展和时代的进步，社会对人才的要求越来越严格，尤其是对青年的社会责任要求也越来越高。但是，伴随着我国改革的不断加深和社会转型的进展，我国正处于发展关键期、改革攻坚期，深层次矛盾凸显、新问题大量涌现，社会生活更加复杂。与此相关联，新时代中国青年一代的思想观念也发生了深刻的变化。新时代中国青年社会责任感的主流是积极、健康的，但是部分青年社会责任感也出现了许多值得注意的问题，如社会责任认知匮乏、社会责任情感淡薄、社会责任意志薄弱、社会责任知行脱节等。青年社会责任感的缺失对当今社会的发展、全面建成小康社会的实现和雷锋精神的弘扬及其青年自身的社会化和全面发展十分不利。

与此同时，新时代中国青年社会责任感的培养也面临着严重的挑战，从社会大的环境来看，社会上缺失对青年社会责任感培养的重视，相关组织和部门对青年社会责任感的培养或不予关注，或流于形式。作为青年成长基础环境的家庭也在青年社会责任感培养的关注度不够。青年本身也受各种因素的影响，自我教育也与现实要求有一定的距离。种种原因造成了青年社会责任感培养力度严重不足，对新时代中国青年快速树立社会责任感来说是非常不利的，甚至会造成青年社会责任感的形成与社会的发展要求不符。

因此，要把青年社会责任感培养当作青年教育的一项重大课题，摆在重要位置，以积极的态度应对现实的挑战，提升青年社会责任感培养的力度。从宏观上讲，应从国家和民族命运前途的角度高度重视青年社会责任感培养，把青年社会责任感培养看作是实现国家长远发展和民族振兴的重要途径，是实现我国全面建成小康社会和中国梦的主要途径，同时加大对青年社会责任感培养的人力与物力的投入和支持，切实提升青年社会责任感培养的受重视程度。从微观上讲，要提升教育者和被教育者的青年社会责任感培养的意识。首先要转变教育者的教育思想与理念，教育者是青年社会责任感培养的主导力量，他们的青年社会责任感培养的意识、理念与水平直接影响到青年社会责任感培养的总体水平。因此，要进一步转变教育者的青年社会责任感培养理念，使教育者主动关注青年社会责任感的嬗变状况，从整体的战略角度出发，制定符合青年社会责任感培养的内容和目标，选择合适的途径和载体，加强与青年的沟通，提高青年社会责任感培养的针对性和时效性。另一方面要提升青年社会责任感培养过程中受教育者的理念，受教育者是青年社会责任感培养的对象，帮助他们树立正确的社会责任感，实现其全面的发展是青年社会责任感培养活动的最根本目的，他们接受社会责任感培养的意识和理念直接影响着培养的成效。要培养他们接受社会责任感培养的积极性和兴趣，提高他们与教育者的互动性，从而实现教育者与受教育者在青年社会责任感培养上的共鸣。

三、坚持社会主义核心价值体系的引导

青年社会责任感培养在被重视的前提下，还要有正确指导的引导，才能确保青年社会责任感培养内容的科学性。恩格斯曾经指出："在社会历史领域内进行活动的，是具有意识的、经过思虑或凭激情行动的、追求某种目的的人；任何事情的发生都不是没有自觉的意图，没有预期的目的的。"① 青年社会责任感培养离不开社会主义核心体系的引领和导向。社会主义核心价值体系是社会主义意识形态的生命之魂，是稳定国家经济政治制度和思想文化制度的精神支柱，是全民族团结和睦、奋发向上的精神纽带。当前我国各个领域都离不开社会主义核心价值体系的引领。在青年社会责任感培养过程中，社会主义核心价值体系决定着青年社会责任感培养的基本立场、根本目标和培养方向。因此，青年社会责任感培养作为党和国家高度关注的问题，必须坚持社会主义核心价值体系为价值引领。

社会主义核心价值体系是新时代中国青年社会责任感培养的价值引领，其中马克思主义是新时代中国社会责任感培养始终不变的核心指导思想，而中国特色社会主义共同理想则是构成新时代中国青年社会责任感培养的主题内容，以爱国主义为核心的民族精神和以改革创新为核心的时代精神是青年社会责任感培养的精神动力，社会主义荣辱观是青年社会责任感的道德基础。根据社会主义核心价值体系的地位和作用，在青年社会责任感培养过程中，要以建设社会主义核心价值体系为根本目标，深入推进社会主义核心价值体系建设，用社会主义核心价值体系引

---

① 《马克思恩格斯文集》第4卷，北京：人民出版社2009年版，第302页。

领青年社会责任感培养的方向。

首先,坚持用马克思主义最新成果作为青年社会责任感培养的核心指导思想,牢牢掌握青年社会责任感培养过程中社会主义主流意识形态的领导权和主导权,使青年社会责任感在思想大活跃、观念大碰撞、文化大交融的时代,始终坚持马克思主义主流意识形态的指导地位。在新时代,要坚持以习近平新时代中国特色社会主义思想为根本指导,确保新时代中国青年社会责任感培养在主流意识形态方面的正确性。其次,以中国特色社会主义共同理想来提升新时代中国青年社会责任感培养内容的高度,不断巩固新时代中国青年的理想信念。再次,坚持用以爱国主义为核心的民族精神和以改革创新为核心的时代精神,进一步强化新时代中国青年的民族责任感,促使我国新时代中国青年永葆勃勃的生机。最后,树立和践行社会主义荣辱观,建设和谐文化,培育良好的文明风尚,增强新时代中国青年社会责任感培养内容的道德基础。

同时,新时代中国青年社会责任感培养还要坚持社会主义核心价值观的引导,确立培养的价值坐标。党的十八大报告提出了"倡导富强、民主、文明、和谐,倡导自由、平等、公正、法治,倡导爱国、敬业、诚信、友善"①的社会主义核心价值观。"'三个倡导'体现了国家层面、社会层面、公民个人层面的价值取向,涵盖了最广大人民群众的普遍愿望,它不仅凸显了当今社会主流意识形态的核心价值理念,而且容纳了历史文化传统、鲜明时代精神和未来价值追求,体现出了逻辑上的完善性、内容上的层次性、表述上的开放性和实践上的可操作性,具备强大的精神感召力,能够真正起到凝聚人心、振作精神、引领方向的作

---

① 胡锦涛:《坚定不移沿着中国特色社会主义道路前进 为全面建成小康社会而奋斗——在中国共产党第十八次全国代表大会上的报告》,载《光明日报》,2012年11月18日,第1版。

用,是引领社会发展、凝聚社会共识的重要思想武器。"[①] 社会主义核心价值观是当前我国社会建设和教育等各个领域的根本价值观。新时代中国青年社会责任感的培养作为时代发展的必然诉求,不但离不开社会主义核心价值观的指导,还必须以社会主义核心价值观引领青年的多元文化观,同时把社会主义核心价值观作为新时代中国青年社会责任感培养的核心内容,来凝聚人心、鼓舞士气、激发活力、振奋精神。因此,新时代中国青年社会责任感培养还要坚持以社会主义核心价值观为引导,确立培养的具体价值坐标。

第一,青年社会责任感的培养要服从于国家的"富强、民主、文明、和谐"的基本价值追求,从国家层面培养青年社会责任感。富强、民主、文明与和谐是指要在经济方面不断提高,在政治方面要进一步实现民主,在文化方面要更加文明,在社会发展和生态保护方面要更加和谐。"富强、民主、文明、和谐"作为一种吸纳先进的价值观是对于我国当前开展社会主义事业建设目标的一种体现,是与全社会成员对于美好幸福生活的追求相一致的。因此,要按照"富强、民主、文明、和谐"的要求,培养青年树立为我国现代化事业贡献力量的责任感,从而使中国梦的美好愿景成为现实。

第二,青年社会责任感的培养要与社会建设与发展的趋势相一致,与"自由、平等、公正、法治"的基本社会属性相符合,并以此作为总体价值趋向和整体目标要求,在集体的层面上培养新时代中国青年群体的社会责任感。"自由""平等""公正""法治",这八字箴言是对于中国特色社会主义基本社会属性的形象体现,更是中国共产党多年来的一贯精神追求。伴随着我国改革开放程度的加深,市场经济体制逐渐得到了巩固,并在社会发展的过程中发挥着日益重要的作用,社会成

[①] 刘河燕:《社会主义核心价值观引领青年成才的基本要求》,载《光明日报》,2012年12月8日,第11版。

员在民主与法治方面的意识和观念逐渐增强,因此对于自由和平等的要求也日益提高,越来越多的人开始期望社会的发展更加的公平和正义。因此,新时代中国青年社会责任感要按照"自由、平等、公正、法治"的要求,培养新时代中国青年树立自由和平等精神,为实现公平正义和法治的社会、促进社会良好风气的形成,实现社会和谐而努力奋斗。

第三,青年社会责任感的培养要与公民素质相结合,以"爱国、敬业、诚信、友善"为基本道德准则要求,从个人角度来推进新时代中国青年社会责任感的培养。"爱国、敬业、诚信、友善四位一体集中体现了社会主义国家公民的基本价值追求和道德准则要求。加强对全体公民的价值观、道德观教育是一项长期而紧迫的任务,尤其是面对当前社会经济利益和分配方式多样化的趋势,面对全面建成小康社会和人民群众精神文化需求的不断增长,面对世界范围各种思想文化的相互激荡,如何形成社会的主流价值观、如何把公民价值观道德观教育提高到一个新水平,这成为摆在全党和全国人民面前的一个重要课题。"[①]。"爱国、敬业、诚信、友善"的价值观真正地体现了中华民族千百年来的道德文化与传承,体现了社会主义高度的道德内涵。因此,要按照"爱国、敬业、诚信、友善"的价值追求和道德准则,提高新时代中国青年的公民道德素质,强化新时代中国青年的公民行为能力,从而加快新时代中国青年公民化进程。

四、优化青年社会责任感培养的内容体系

新时代为青年社会责任感培养带来极大的机遇和挑战,在培养内容

---

① 韩振峰:《社会主义核心价值观的三个基本层次》,载《光明日报》,2012年12月8日,第11版。

方面，需要根据新时代发展的客观要求，不断优化新时代中国青年社会责任感培养的内容体系。

（一）加强新时代中国青年理想信念教育

习近平总书记在纪念五四运动 100 周年的讲话中指出："新时代中国青年要树立远大理想。青年的理想信念关乎国家未来。青年理想远大、信念坚定，是一个国家、一个民族无坚不摧的前进动力。"① 青年理想远大、信念坚定，是一个国家、一个民族无坚不摧的前进动力。习近平总书记在学校思想政治理论课教师座谈会上强调："努力培养担当民族复兴大任的时代新人，培养德智体美劳全面发展的社会主义建设者和接班人。"② 同时，习近平总书记在纪念五四运动 100 周年大会上的讲话进一步强调："新时代中国青年要树立远大理想。青年的理想信念关乎国家未来。青年理想远大、信念坚定，是一个国家、一个民族无坚不摧的前进动力。"③ 这为新时代"培养什么样的人""怎样培养人"指明了方向。新时代中国青年社会责任感培养务必要用理想信念筑牢精神之基，坚定对马克思主义的信仰，对社会主义和共产主义的信念，对中国特色社会主义道路、理论、制度、文化的自信，进而以坚定的理想信念助力新时代中国青年健康全面成长，并引领时代潮流，彰显时代精神，承担起中华民族伟大复兴的历史使命和责任担当。

第一，以马克思主义信仰增强新时代中国青年的思想定力。

信仰是一种高尚的精神需求，是民族的精神脊梁和灵魂支柱。马克

---

① 习近平：《在纪念五四运动 100 周年大会上的讲话》，北京：人民出版社 2019 年版，第 6 页。
② 《用新时代中国特色社会主义思想铸魂育人 贯彻党的教育方针 落实立德树人根本任务》，载《人民日报》，2019 年 3 月 19 日，第 1 版。
③ 习近平：《在纪念五四运动 100 周年大会上的讲话》，北京：人民出版社 2019 年版，第 6 页。

思主义信仰是世界上诸多信仰中最适合与中华文明相融合的信仰，在指引和推动中国社会变革的过程中，成为中华民族信仰的重要组成部分。马克思主义是被人类社会发展轨迹和成果所证明了的科学信仰，引发了中华文明的深层次变革，为中国的革命、建设与改革创新提供了宝贵的思想启示。马克思主义作为一种"伟大的认识工具"，将核心要义指向了实现人的自由而全面的发展和全人类的真正解放，为人们提供了分析和思考问题的思维模式和方法，是新时代中国青年正确认识世界、认识自我的重要思想武器，也是新时代中国青年进行价值判断的重要参考标准和价值选择的根本依据。注重实践是马克思主义的优秀品格，在马克思主义的目标指向和实践方法的指导之下，新时代中国青年将在"认识世界""解释世界"的基础上进一步实现"改变世界"的新超越。

马克思主义信仰是马克思主义的真理性和思想性的高度统一，是在复杂的社会环境中使新时代中国青年明确方向、步履稳健、脚下有力的精神导向。习近平总书记指出："无论时代如何变迁、科学如何进步，马克思主义依然显示出科学思想的伟力，依然占据着真理和道义的制高点。"① 在当前文化多样化、价值多元化、思潮复杂化的环境中，新时代中国青年要彰显出马克思主义的真理力量，使新时代中国青年掌握马克思主义这一科学的思想工具。应从理论和实践双重层面培养新时代中国青年对马克思主义的理想信仰，为新时代中国青年补足精神的"钙"。要以理论教育使新时代中国青年正确把握马克思主义的认识及实践方法，了解"马克思主义信仰内具的广博视野和深厚的人类解放情怀"②，

---

① 习近平：《在哲学社会科学工作座谈会上的讲话（全文）》，http://www.xinhuanet.com//politics/2016-05/18/c_1118891128_2.htm（浏览时间：2019年6月5日）。

② 徐秦法：《马克思主义信仰教育的本质规定及其内在逻辑》，载《马克思主义研究》，2018年第4期，第123页。

增强新时代中国青年抵御历史虚无主义谬论的思维能力。与此同时，要推动马克思主义理论向实践的转化，引导新时代中国青年在创新创造中坚持马克思主义的基本立场和观点，自觉运用马克思主义的认识和思考方法，积极参与时代发展的伟大课题。将新时代中国青年塑造成为把握趋势、思维科学、方向正确的新时代马克思主义者。

第二，以社会主义和共产主义信念提升新时代中国青年的思想境界。

信念是信仰的具体展现形式，承载着人们具象的、明确的理想和目标，对主体坚持某项实践具有强大的精神支撑和激励作用。政治信念是主体多种信念的统领，对社会主义和共产主义的信念有助于使新时代中国青年将个人理想与国家、民族理想结合起来，实现个人价值与集体价值的有机统一。共产主义是马克思和恩格斯在正确把握人类社会发展规律基础上所提出的科学理想社会，是新时代中国青年接力拼搏、不懈追寻的最高理想。社会主义是通往共产主义的必经之路，正确认识社会主义的阶段性和曲折性对新时代中国青年养成从容、理性的心态尤为重要。社会主义与共产主义是不可分割的整体，对社会主义和共产主义的信念将成为新时代中国青年推动新时代中国特色社会主义继续向前迈进的精神动力，应内化于新时代中国青年的思想境界之中，成为新时代中国青年广阔思想境界中的指引灯塔，引导新时代中国青年立足实际、始于当下，发奋为发展社会主义、实现共产主义而不懈奋斗。

新时代中国青年培养关键在于培养其对社会主义和共产主义的根本政治信念。随着新媒体时代的到来，历史虚无主义论调不断变换伪装在网络平台中散布和蔓延，对人们特别是新时代中国青年的理想信念带来了消极的影响。为此，要加强对新时代中国青年的信念教育，使新时代中国青年成为社会主义和共产主义的坚定追随者和笃实践行者。要重点培养新时代中国青年对社会主义和共产主义的认同心理及科学态度，构建社会主义和共产主义的新媒体网络话语权,坚持以事实说话,强化对社会主义和共产主义信念的舆论引导,使人们直观、深刻地了解社会主义和共产主义的科学内涵与发展规律。采取理论与实践相结合的形式,通过专业化、系统化与长期性的理论及时事教育,使新时代中国青年精准把握社会主义和共产主义的现实性和超越性,正确认识社会主义初级阶段的矛盾性和曲折性,对反对社会主义和共产主义的"噪音"和"杂音"予以有力的回击,自觉将对社会主义和共产主义的信念内化于心、外化于行。进一步提高新时代中国青年的理论高度与思想境界,鼓励新时代中国青年持之以恒地为建设新时代中国特色社会主义而不辍前行。

第三,以"四个自信"助力新时代中国青年勇担民族复兴的历史责任。

"四个自信"是中国共产党在领导和团结群众追寻民族伟大复兴过程中所形成的重大理论成果,蕴含着科学的理论逻辑和厚重的历史内涵。习近平总书记在学校思想政治理论课座谈会上强调:"我们办中国特色社会主义教育,就是要理直气壮开好思政课,用新时代中国特色社会主义思想铸魂育人,引导学生增强中国特色社会主义道路自信、理论自信、制度自信、文化自信,厚植爱国主义情怀,把爱国情、强国志、报国行自觉融入坚持和发展中国特色社会主义事业、建设社会主义现代化强国、实现中华民族伟大复兴的奋斗之中。"① 道路自信、理论自信、制度自信与文化自信是一个有机的整体,是培养担当民族复兴大任新时代中国青年的重要保障。在新时代中,"育新人"的根本目的是培养德智体美劳全面发展的社会主义建设者和接班人,其核心的政治任务与目标是坚定新时代中国青年的"四个自信",引导人正确认识"四个自信"的时代指向与理论渊源,在"四个自信"的动力支持下自觉向新时代中

---

① 习近平:《用新时代中国特色社会主义思想铸魂育人 贯彻党的教育方针落实立德树人根本任务》,载《人民日报》,2019年3月19日,第1版。

国青年的标准看齐，主动担负起自我责任、家庭责任、社会责任、民族责任及世界责任，将对中国特色社会主义道路、理论、制度及文化的自信转化到追寻民族伟大复兴的广泛实践之中。

坚定新时代中国青年的"四个自信"，首先，要坚定新时代中国青年对中国特色社会主义道路的强大自信。要以真实的形势政策及改革成果证明中国道路的正确性与先进性，以复兴之路的艰难坎坷和恢宏轨迹讲述中国道路的创新性和开拓性，使新时代中国青年深刻认识到中国道路是通向社会主义现代化的必由之路。其次，要坚定新时代中国青年对中国特色社会主义理论的自信。推进习近平新时代中国特色社会主义思想的大众化传播，用习近平新时代中国特色社会主义思想武装新时代中国青年，成为新时代中国青年追梦实践的行动指南。再次，要坚定新时代中国青年对中国特色社会主义制度的自信。制度自信是使人理性认识社会发展现状、从容融入世界的思想优势，增强制度自信有助于使新时代中国青年深刻认同中国特色社会主义制度的正确性及其与中国发展的适应性，带着坚定的制度自信面向世界传播"中国声音"，讲好"中国故事"。最后，要坚定新时代中国青年对中国特色社会主义文化的自信。以最深沉、最持久的文化自信为新时代中国青年凝心铸魂，通过中华优秀传统文化、革命文化和先进文化教育，向新时代中国青年传递中华民族高尚、远大的精神追求，使新时代中国青年得到文化自信的滋养，自觉坚持和践行社会主义核心价值观。

（二）加强新时代中国青年爱国主义教育

爱国主义流淌在中华民族血脉之中，正是在这种精神的坚强支撑下，五千年来中华文明维系不断、延绵至今；正是在这种精神的坚强支撑下，中华民族才能经受住风雨考验，屡创辉煌。对新时代中国青年来说，热爱祖国是立身之本、成才之基，新时代中国青年社会责任感培养不能缺少爱国主义教育。习近平总书记在纪念五四运动100周年大会上的讲话中强调:"新时代中国青年要听党话、跟党走,胸怀忧国忧民之心、爱国爱民之情,不断奉献祖国、奉献人民,以一生的真情投入、一辈子的顽强奋斗来体现爱国主义情怀,让爱国主义的伟大旗帜始终在心中高高飘扬!"①

爱国主义是我们民族精神的核心,是中华民族团结奋斗、自强不息的精神纽带。一部中国近现代史,就是一部中华儿女为了实现民族独立和国家富强的抗争探索建设史,造就了深深根植于民族血脉中的爱国主义精神。100年前的五四运动,在中华民族面临危急时刻,一批爱国青年为扶大厦之将倾,救民族于水火,挺身而出,随即全国民众奋起抗争,誓言"国土不可断送、人民不可低头",奏响了浩气长存的爱国主义壮歌,以磅礴之力鼓动了中国人民和中华民族实现民族复兴的志向和信心。新时代中国青年正处在中华民族发展的最好时期,既面临着难得的建功立业的人生际遇,也面临着"天将降大任于斯人也"的时代使命。

增强新时代中国青年牢记历史使命的意识。让新时代中国青年铭记实现中华民族伟大复兴的中国梦,是光荣伟大的历史使命。加强对新时代中国青年的近现代史教育,向新时代中国青年讲清楚讲透彻中国近现代史的发展历程和规律,引导新时代中国青年产生对国家和民族发展历史的认同感,明白自身担负的建设社会主义现代化强国、提升国家文化软实力、传播中华文明的历史使命,实现中华民族伟大复兴的历史使命,并要让这种使命意识深入新时代中国青年的人心,成为新时代中国青年自觉行动的动力源泉。

增强新时代中国青年与国家和民族前途命运关联的意识。从历史规律和现实发展的角度向新时代中国青年讲清楚个人成长和奋斗与国家前

---

① 习近平:《在纪念五四运动100周年大会上的讲话》,北京:人民出版社2019年版,第7页。

途民族前途命运息息相关的关系，引导新时代中国青年把个人的命运与国家和民族的命运紧紧结合起来。尤其是中国特色社会主义进入新时代后，国内外环境发生了深刻变革，中国正在日益走向世界舞台中央，中国力量、中国方案、中国理念日益受到世界高度关注，中华民族在世界上的影响力不断提升。但国内面临着改革开放进入关键时期和深水区，中国社会主义主要矛盾也发生了深刻变化，社会各种问题层出不穷，社会不稳定因素依然存在，社会发展不平衡现象依然突出等，这强烈要求新时代中国青年把个人成长的坐标放到新时代中国特色社会主义发展进展中，高度警惕精神萎靡、信念缺失等现象，时刻保持忧患意识和危机意识，不断为国家和民族的发展输入青春力量，使中华民族以更加自信昂扬的姿态屹立于世界民族之林。

（三）加强新时代中国青年时代担当教育

习近平总书记在纪念五四运动100周年讲话中指出："时代呼唤担当，民族振兴是青年的责任。"并引用鲁迅先生对青年的观点，青年"所多的是生力，遇见深林，可以辟成平地的，遇见旷野，可以栽种树木的，遇见沙漠，可以开掘井泉的"。这表明青年具备担当责任的能力，具备挑战一切"不可能"的斗志。在新时代中国特色社会主义背景下，时代发展、社会进步、人民幸福的任务摆在中国青年面前，在实现中华民族伟大复兴的新征程上，迫切需要新时代的中国青年主动挑起责任，积极应对重大挑战、抵御重大风险、克服重大阻力、解决重大矛盾。因此，加强新时代中国青年的时代担当教育，要以事实教育为主，以历史知识教育、国情社情民情党情教育发轫，引导新时代青年到贫困落后的地区认识我国各地发展不均衡的现状，激励青年积极参与各项青年世界大赛，使青年了解我国在不同领域中发展的优势及劣势，找到短板、认识不足。要为青年深入社会、认识社会、建设社会创造良好的机会和条件。降低青年创新创业的准入门槛，为青年创业提供良好的教育辅导与政策支持。将更多代表国家、代表人民的重大发展机遇放心地交给青年一代，继而激励青年跨越艰险，勇立时代潮头，争做时代先锋。

（四）加强新时代中国青年砥砺奋斗教育

奋斗是中华儿女最鲜明的特质，古往今来，中华儿女从不懈怠奋斗，接力创造了不朽的中华灿烂文化，回顾历史，推进社会进步与文化创新的更多的是青年。因此，习近平总书记强调，"奋斗是青春最亮丽的底色"。何为"底色"？底色就是一个人最本质、最真实、与生俱来的面貌与条件。"自信人生二百年，会当水击三千里。"砥砺奋斗是斩获佳绩的前提，是"想""梦想"变成现实的必由之路。道不可坐论，中华民族的伟大复兴不能空等，并非依靠美好的愿望就能实现，而是需要青年一代的努力开拓，不懈蹚路，青年要越过险滩，跨越荆棘，唯有如此，才能使民族复兴与昌盛。加强新时代中国青年砥砺奋斗教育，要重点强化文化传承教育，使新时代青年形成对中华优秀传统文化的自豪感，对革命文化的敬畏感，对社会主义先进文化的认同感，不断提升文化底蕴，累积砥砺奋斗的内在力量，引导青年从小事做起，传承中华传统育人文化，继承革命先辈的优良传统，学习和践行先进理论，在追寻伟大中国梦的进程中踏实奋斗，不断磨砺，形成永不放弃、执着追梦的坚强意志。

（五）加强新时代中国青年练就过硬本领教育

实践出真知，当今时代，知识更新不断加快，社会分工日益细化，新技术新业态层出不穷，要求青年具有广博的知识和多方面的能力，以适应知识更新和技术发展的步伐。习近平总书记寄望青年："新时代中国青年要增强学习紧迫感，如饥似渴、孜孜不倦学习，努力学习马克思主义立场观点方法，努力掌握科学文化知识和专业技能，努力提高人文素养，在学习中增长知识、锤炼品格，在工作中增长才干、练就本领，以真才实学服务人民，以创新创造贡献国家！"① 青年要想实现自我价值，并将自我价值在社会价值、国家和民族价值中得到升华，需要得力的工具，这个工具就是本领，是生存与发展本领，是充分担当社会责任的过硬本领。没有本领，无以谈理想，没有本领无以谈价值，青年只有练就了过硬的本领，才能有方法、有途径、高效率地担当社会责任，实现自我价值的最大化。

新时代中国青年社会责任感培养，要注重实践、强化实践，需在丰富多彩的社会实践中磨炼新时代青年的各项本领，包括专业本领、社交本领、评判本领、解决问题本领、思考总结本领、执行力本领等等。使青年以时代新人为目标同向同行。习近平总书记强调青年履行社会责任必须要坚持知行合一。在全国高校思想政治工作会议上，习近平总书记重点强调了要大力开展实践活动，多次强调青年要"做实干家"。因此，培养青年的社会责任，要积极为青年练就本领、创新创造搭建多样性的实践平台，完善和创新青年社会责任的实践机制。创新青年社会责任培养的实践方法，将青年对社会责任的认知在文化传播、生态保护、理论学习、公益帮扶等实践中进行行动转化。开辟更多研学旅游专线，同时要鼓励青年到边远、落后的地方贡献才智，在实践中学真知、悟真谛。要在青年社会责任实践教育中贯穿习近平总书记的实践观，增强对青年的感悟型、体验型社会责任实践教育，从而以科学的实践方法论，引导青年练就本领，增强社会责任意识。

---

① 习近平：《在纪念五四运动 100 周年大会上的讲话》，北京：人民出版社 2019 年版，第 11 页。

（六）加强新时代中国青年品德修为教育

中华民族历来强调正己修身，道德文化是中华优秀传统文化的瑰宝，丰富的传统道德哲学数千年来引领人们的思维和行为，形成了众所一致的道德标准。道德是青年社会责任的根本，青年的道德修养如何直接关系到能否自觉践行社会责任。习近平总书记关于青年社会责任的重要论述围绕道德教育提出了"教育的根本任务是立德树人"的理念，并强调教育必须坚持德育为先。习近平总书记在纪念五四运动100周年大会上强调"青年要把正确的道德认知、自觉的道德养成、积极的道德实践紧密结合起来，不断修身立德，打牢道德根基，在人生道路上走得更正、走得更远。"① 道德是实践的前提，只有在道德的基础上，青年担当社会责任的实践才能走正路，才能始终摆正方向、明确目标。也唯有在道德的支撑下，青年才能形成主动担当社会责任的自觉。因此，培养新时代中国青年的社会责任关键在于涵养青年的道德情操，使新时代中国青年将正确的道德认知与道德实践结合起来。

习近平总书记指出："青年要加强思想道德修养，自觉弘扬爱国主义、集体主义、社会主义思想，积极倡导社会公德、职业道德、家庭美德。"② "修德，既要立意高远，又要立足平实。"青年道德教育是公民道德建设的重要组成部分，是中国特色社会主义迈进新时代对青年教育的基本要求。因此，培养新时代中国青年的社会责任感，必须要引导新时代中国青年将国家利益、集体利益置于个人利益之上，在实现国家利益、集体利益的过程中实现个人利益。要通过长期、生动的社会主义核

---

① 习近平：《在纪念五四运动100周年大会上的讲话》，北京：人民出版社2019年版，第11页。

② 习近平：《在同各界优秀青年代表座谈时的讲话》，载《光明日报》，2013年5月5日，第2版。

心价值观教育，引导新时代中国青年自觉树立和践行社会主义核心价值观，善于从中华民族传统美德中汲取道德滋养，从英雄人物和时代楷模的身上感受道德风范，从自身内省中提升道德修养，明大德、守公德、严私德，自觉抵制拜金主义、享乐主义、极端个人主义、历史虚无主义等错误思想，追求更有高度、更有境界、更有品位的人生，让清风正气、蓬勃朝气遍布全社会。大力弘扬道德家风文化，发挥出家庭道德教育的基础性、渗透性以及情感性优势，引导新时代中国青年将家庭美德上升为社会道德责任，使新时代中国青年坚持明大德、守公德、严私德的内在统一，不仅要从道德出发，积极承担家庭责任，更要担当起服务人民、报效国家的社会责任。要在网络新媒体平台中广泛树立优秀道德典型，例如"轮椅上的志愿者"董明、带上养母读书的孟佩杰、无私资助困难儿童求学的"最美上铁人"郑杨帆等等，要加强对这些优秀青年道德人物的宣传，引领新媒体的道德舆论，使新时代中国青年在新媒体互动交流中受到良好的道德熏陶。此外，要重视鼓励新时代中国青年积极开展道德实践，在道德实践中锤炼道德品格，从而使新时代中国青年自觉将道德情操上升为博爱的社会责任。

（七）加强新时代中国青年文化自信教育

习近平总书记在党的十九大报告中指出："文化兴国运兴，文化强民族强。没有高度的文化自信，没有文化的繁荣兴盛，就没有中华民族伟大复兴。"新时代中国青年文化自信关系着国家与民族的命运，彰显着中华文明的底气与特质，对推进社会主义文化的蓬勃发展，助推中华文明发展具有深远的战略意义。新时代中国青年的社会责任还要承担起对中国特色社会主义文化的传承和创新责任，增强新时代中国青年的文化自信有助于强化新时代中国青年传承中华文化的责任担当意识，同时在复杂社会思潮激荡中，增强新时代中国青年抵御消极思想的能力，此外还能有助于新时代中国青年在当前复杂的道德现象、经济现象与文化现象影响下养成从容的社会心态，在时代洪流中找准定位、稳步发展，实现自我价值与集体价值的统一和平衡。受各种因素的影响，新时代中国青年在文化自信方面还存在诸多问题，比如部分青年缺乏坚定的文化自觉；价值取向逐渐从集体本位向个人本位偏移，理想信仰与文化自信失守，陷入了价值迷茫；文化安全意识弱化，对中国特色社会主义的认同降低等因素，这严重影响着新时代中国青年社会责任感的培养。因此，新时代中国青年社会责任感培养还需要加强对其文化自信教育，使文化自信成为新时代中国青年的精神支柱，从文化根基上固牢新时代中国青年的社会责任感。

第一，激活新时代中国青年的文化自觉，引导新时代中国青年保持文化清醒。培育新时代中国青年的文化自信，要唤醒新时代中国青年传承中华文明的历史责任感和时代使命感。并在此基础上引导新时代中国青年正确认识和系统学习中华文化，继而生成文化自觉。文化自觉是新时代中国青年对民族文化的"自知"，需对新时代中国青年展开全方位的文化教育。要面向社会、高校积极开展先进文化教育，传递马克思主义的时代强音，增强新时代中国青年的学习意识，引导新时代中国青年投身先进理论学习，成为马克思主义在新时代中的研究者、传播者与实践者。要强化对新时代中国青年的传统文化教育和宣传，为新时代中国青年创造更多参与传统文化传播的机会，大力培养非物质文化遗产的青年传承人，使新时代中国青年继承前人衣钵，将优秀传统文化发扬光大。要对新时代中国青年开展系统的革命文化教育，活用党的育人思想，提升新时代中国青年对革命文化的认同，树立正确的历史观，形成科学的历史思维，从而增强新时代中国青年的文化自觉与自信。

第二，规范当下文化市场的发展秩序，创造良好的文化发展环境。针对"泛娱乐化"语境下的文化乱象，要重点加强文化市场的综合整治，对流行音乐、影视剧、网络文学、广告宣传等进行全面把关，加快文化市场发展的相关立法建设，强化对庸俗、低俗与恶俗文化出版物及文化炒作行为的执法力度。要进一步创新文化市场的监管模式，加强对各大媒体及文化创意者的教育和引导，鼓励文化业人员在设计和推出文化产品的过程中，将国家效益、社会效益、教育效益置于首位，增强大众传媒培育新时代中国青年的主体责任意识。设计创作一批以社会主义核心价值观为基本价值取向，崇尚良好道德内涵的优秀精神文化产品，使优质的文化内容逐步占领文化市场。更进一步满足新时代中国青年对文化创新的需求，从而树立新时代中国青年的文化理想，增强新时代中国青年的文化自信。

第三，引导新时代中国青年在丰富的文化实践中增强文化安全意识。文化实践是最直接、最快速使新时代中国青年了解中华文明的有效方式，为此，要加强对文化实践活动的创意设计。结合媒体的力量，推出更多类似《中国诗词大会》《中国成语大会》《世界青年说》《一封家书》《朗读者》等饱含丰富文化底蕴的互动栏目，吸引新时代中国青年积极参与，释放出新时代中国青年的文化思想。要重视发挥出新时代中国青年群体的文化创意热情，招募传承优秀传统文化的青年志愿者，重点培养文物修复、考古挖掘、文学、传统体育及音乐等优秀人才，使新时代中国青年在文化实践中提升自身的文化修养和文化研究水平。此外，要加大资金和政策支持，建立民族文化传承的专业研究队伍，大力培养实践型文化新人。搭建推进中外文化交流实践的网络互动平台，将传播民族文化、培育新时代中国青年与媒介融合相统一，广开文化实践的路径，激励新时代中国青年在文化实践中强化文化安全意识，努力担当文化传承责任。

第四，培育崇尚文化、注重文化的家风环境。家风浓缩着一个时代的文化特点和主张，良好的家风有利于涵养新时代中国青年的文化自信，是对社会教育、学校教育和媒体教育的重要补充。要立足优秀传统家风文化的土壤，培育忠于传统、传承道德、亲密和谐的家风文化。全体家庭成员需全面提升文化素养，在利用网络学习和传播文化内容时，需辩证认识文案内容，不断净化"朋友圈"。家庭成员之间需围绕文化传承加强互动交流，高度重视传统节日，将传统节日作为增进家庭成员情感交流的契机，从而营造重视文化、自觉传承的家风文化环境，使新时代中国青年在常态化、情感性的家风熏陶中增强文化自信，自觉担负起传承中华文化的责任与使命。

（八）拓展新时代中国青年的国际视野

习近平总书记指出："青年是国家的未来，也是世界的未来。中国梦与世界梦息息相通，中华民族应该对人类社会做出更大贡献。新时代中国青年，要有家国情怀，也要有人类关怀，发扬中华文化崇尚的四海一家、天下为公精神，为实现中华民族伟大复兴而奋斗，为推动共建'一带一路'、推动构建人类命运共同体而努力。"中国青年不仅仅是我国社会建设的生力军，更是世界和平与发展潮流下的"世界公民"。随着全球化深度发展及我国逐渐靠近世界舞台的中央，青年的国际视野越来越显得重要。青年只有放眼世界，面向人类整体的未来，形成强烈的人类命运共同体意识，才能更好地担当社会责任和世界责任。培养新时代中国青年社会责任，还要不断拓展新时代中国青年的国际视野，增强新时代中国青年对人类和世界的责任，引领新时代中国青年面向未来、面向世界塑造自我和发展自我，努力到国际舞台上展现青春风采。

新时代中国青年社会责任培养要有宽广的国际视野，增强为人类和世界发展做贡献的意识，不断提高掌握国际交流、沟通的知识和技巧，充分发挥新时代中国青年在国际文化交流中的桥梁和纽带作用。在共建"一带一路"、构建人类命运共同体等舞台上为青年创造更多展示自我的机会,搭建如"世界青年说"、青年国际交流社群等青年文化交流平台,促进中国青年通过多种渠道与世界青年学习合作,积极建立信任与友谊。引导青年在参与世界、融入世界的过程中,讲好"中国故事",具有人类关怀,为人类文明发展进步作出更大贡献,与世界青年一道开创人类美好的未来。

五、创新青年社会责任感培养的方法、途径和载体

创新是新时代最热门的字眼,是当前我国社会领域各项事业改革的关键词汇,只有强大的创新力量才能够使社会的发展开出新芽。特别是在当前国际环境之下,创新是一个国家不断向前发展的动力,更是提高各国综合国力的秘密法宝。"创新思维是人的创新活动得以进行、创新成果得以形成的决定性因素,是创新活动的关键和核心。"[①] 创新驱动、转型发展已经成为时代发展的主旋律。创新是社会发展的永恒动力,青年社会责任感的培养也必须要具备创新驱动这一必备条件。在我国社会道德建设的过程中,青年社会责任感的培养始终是党和国家密切关心的议题,更是要重点进行创新的领域。青年正处于一个变化莫测的时代,因此青年社会责任感的塑造应该坚持与时俱进,以创新驱动为动力,凝聚先进理念,根据客观形势的变化要求,在培养的方法、途径和载体方面不断进行丰富、完善和创新,以提高青年社会责任感培养的针对性和实效性。

(一) 创新青年社会责任感培养的方式方法

"方法,是人们为了认识世界和改造世界,达到一定目的所采取的

---

① 李娟琴、吕世辰:《创新思维的结构体系及培养探析》,载《光明日报》,2012年8月27日,第14版。

活动方式、程序和手段的总和。"① 方法的应用和创新在青年社会责任感培养过程中发挥着关键性的作用。青年社会责任感培养作为一种实践活动存在一定的复杂性和曲折性,因此培养的方式方法也应该是丰富多彩的。要改变传统的说教、灌输等方法,探索青年社会责任感培养的新方法。要注重社会实践方法,马克思曾经指出:"人的思维是否具有客观的真理性,这不是一个理论的问题,而是一个实践的问题。人应该在实践中证明自己思维的真理性,即自己思维的现实性和力量,自己思维的此岸性。"② 社会责任感培养具有实践性与理论性两个方面特点,所以青年社会责任感的培养必须依托社会实践活动,必须坚持理论联系实际、知情意行相统一的原则,组织青年开展社会责任实践活动,在实践中提高社会责任感,实现青年社会责任感培养的知行合一。如在对青年进行中国梦教育的过程中,北京市共青团在青年中组织开展讨论、参观、征文、演讲、微创作等各种形式的主题团日活动,帮助团员青年加深对中国梦的认识和理解,增强团员意识和责任感、使命感。并通过开展"我的青春 我的能量"第 27 届北京青年五四奖章评选表彰、"北京青年创业榜样"评选等活动,组织青年岗位能手、农村青年致富带头人、优秀志愿者等评选表彰,选树和宣传为实现中国梦勤奋学习、扎实奋斗的青少年典型。此外,还要积极探索其他渠道,包括榜样示范法、心理疏导法等等,从而提升青年社会责任感培养方法的针对性、综合性和创造性。

(二) 创新青年社会责任感培养的途径

根据时代发展的新变化、青年社会责任感培养内容和方法的新变

---

① 陈万柏、张耀灿:《思想政治教育学原理》,武汉:华中师范大学出版社 2009 年版,第 181 页。

② 《马克思恩格斯文集》第 1 卷,北京:人民出版社 2009 年版,第 500 页。

化,选择合适的途径,采取多层次、多渠道、多路径的社会责任活动方式。如运用志愿活动、谈话、文化宣传、理论学习以及管理工作等途径,并充分发挥政府的表率作用,发挥工会、共青团等社会团体的桥梁作用,重视社会中介组织、民众自治组织等的辅助作用。在这些途径中尤其要重视青年志愿活动的作用。青年志愿活动是新时代中国青年参与范围最广的一项活动,对新时代中国青年社会责任感的培养也最为直接,因此,要加强和重视对青年志愿活动的创新和开发,一方面,创新青年志愿活动组织方式和类型,大力组织各种类型的青年志愿活动,如,组织和开展青年的西部志愿活动、国家大型建设志愿活动、各种救灾救难志愿活动,养老院志愿活动等,使青年在志愿活动中亲身体验社会责任需要,并激发青年树立和履行社会责任感的愿望。另一方面,从政策和资金方面给予充分的保障,确保青年志愿活动的顺利进行。青年志愿活动虽然是公益性质的活动,但是还需要政府和相关部门给予政策和资金方面的支持,确保青年志愿活动能够有相应的政策和资金支持作为保障,以使青年志愿活动能顺利开展并不断扩展,为青年社会责任感培养提供坚实的平台。

(三) 创新青年社会责任感培养的载体

多种多样的培养载体是实现青年社会责任培养创新的基本前提,因此,在教育的过程中必须要充分地运用学校、社会团体、社区、传媒以及网络平台等等,把社会责任感渗透到各个环节,使青年在潜移默化中提升自身的社会责任感。如2014年1月,在北京市共青团领导下,全市350家社区青年集中行动,结合实际,发挥团员青年先锋模范作用,开展了以空巢老人、农民工及其子女、残疾人和留守儿童等为重点对象的各类志愿服务活动。团市委书记会成员带头,和各级团干部、广大团员青年一起深入自己联系对接的社区青年汇,积极深入基层,参与活动。

通过社区青年汇集中行动，使大批青年在活动中体验了社会责任感的重要性，进而极大调动了青年的社会责任感。在青年社会责任感培养的载体中，尤其要注重对网络媒体技术的应用。现今时代，网络已经深入到社会生活的各个领域，对人们的生活方式、行为方式和思维方式产生着重要影响。对于掌握着较高科技，始终走在时代前沿的青年群体来说，网络已经成为新时代中国青年日常生活不可或缺的重要组成部分。无论是知识的获取还是思想的交流，网络都为青年提供了一个更加方便、迅捷的平台。因此，把网络作为青年社会责任感培养的有效载体，将会进一步巩固青年社会责任感培养的成效，促进青年社会责任感的科学化发展。通过网络平台进行青年社会责任感的培养已经成为新形势下对青年进行社会责任感引导的迫切要求。青年社会责任感培养要积极利用网络这一资源，建立相应的社会责任感培养网站，开发相关的社会责任感培养的软件，拓展青年的信息交流平台，来提高青年社会责任感的认知能力和判断能力。如建立有特色、有吸引力的社会责任感培养网站，制作生态责任感培养网页，也可以在青年经常浏览的网站上把社会责任感涉及的基础内容和重要性等相关知识添加上去，不断丰富网络教育的内容。同时，也可以借助微博、BBS、微信等新媒体与青年进行交流，了解他们对社会责任感的看法，及时收集并反馈信息，以便更好地通过网络进行教育。值得注意的是，利用网络进行青年社会责任感培养要注意防范和避免网上的不健康信息对青年思想的侵害。

六、构建五位一体的青年社会责任感培养模式

青年社会责任感培养的成效在很大程度上取决于培养模式是否科学和有效。青年社会责任感培养的模式由社会、学校、家庭、自我和制度五个维度组成。其中，社会、学校、家庭在青年社会责任感培养过程中

发挥着外在的作用和影响，对青年社会责任感的形成和发展发挥着重要的作用，是青年社会责任感培养的外在力量。其中社会的复杂性和广泛性对青年社会责任感的形成和发展具有深远的影响，家庭作为青年成长和生活最长久的环境，其对青年社会责任感的影响是不言而喻的，而学校作为受教育者接受教育的地方，对青年社会责任感的形成和发展具有指导性的作用和意义。同时，青年社会责任感的形成和发展除了受一定客观因素的影响和制约外，还要受到个人思想和心理的支配。恩格斯曾经指出："事实上，世界体系的每一个思想映象，总是在客观上受到历史状况的限制，在主观上受到得出该思想映象的人的肉体状况和精神状况的限制。"① 青年本身是其社会责任感形成和发展的内在力量和主体，青年社会责任感最终形成的标志是青年进行自觉的实践行为。在青年社会责任感培养过程中，只有把社会、学校、家庭和自我结合起来，构建社会、学校、家庭、自我和制度五位一体化的多方联动机制和培养模式，促使各个要素之间做到协同配合、实现培养合力的统一，才能有效地提高青年社会责任感培养的成效。

当前新时代中国青年社会责任感培养中的各个要素出现了不同程度的弱化和责任失范现象。在社会方面，政府和相关社会组织与部门对青年社会责任感培养重视程度不够，由此引起青年社会责任感培养缺少相应的社会实践平台，缺乏必要的相关政策和资金支持。在学校方面，由于传统的教育理念过于关注青年的智力和技能教育，忽视青年社会责任感培养，学校教育的偏向造成青年社会责任感培养的主渠道作用没有充分发挥。在家庭方面。传统的教育观念使家长过分看重青年的身体发育和学习成绩，对青年的心理健康和社会责任感培养缺乏重视，导致家庭教育对青年社会责任感培养的作用发挥甚微。在青年自身方面，青年自

---

① 《马克思恩格斯文集》第9卷，北京：人民出版社2009年版，第40页。

身具有独特的身心特征，身体正处在发育完善阶段，但是心理还没有完全成熟，其世界观、人生观和价值观正处在形成和完善时期。同时，青年时期的情绪还不稳定，情绪变化时有积极、向上、高亢、时有悲观、消极、颓废，青年自我调节能力差，造成青年社会责任感认知缺乏、社会责任情感淡薄、社会责任意志薄弱、社会责任行为失落等现象，这在一定程度上影响了青年社会责任感的重塑和进步。由此，加强社会、学校、家庭、自我教育及制度保障在青年社会责任感培养中的作用，进而构建五位一体化的青年社会责任感培养模式成为一个非常迫切的任务。

（一）充分发挥学校教育的核心作用，有效加强社会责任在青年群体中的认知度

以学校教育为主阵地，把社会责任感培养贯穿到学校教育的全过程，并把社会责任感培养融入青年思想政治教育的整体结构当中，使社会责任感的培养走进课堂、深入教材、融进头脑，引导青年、教育青年，感化青年，使青年社会责任感向着正确的方向发展。一方面，加强师德修养。教师是人类灵魂的工程师，塑造人的灵魂是教师的神圣使命，教师是无私奉献的红烛，燃烧了自己却照亮了无数人光辉的人生。教师的职业属性本身就要求教师必须要拥有高度的社会责任感，教师本身社会责任感的高低必须要通过具体的教育行为表现出来，青年社会责任感知识的获得很大程度都是从老师那里得知的。无论中学还是大学，作为教师在青年社会责任感培养过程中的角色和作用是非常关键的。因此，作为教师来说，要加强师德修养，提高教师对学生爱的能力，激发学生的学习积极性，教师要与学生始终保持良好的平等沟通，第一时间掌握学生的行为与思想动态，遵循青年成长的基本规律，关心青年在日常学习与生活中出现的困难与问题，给予青年及时的心理疏导与关怀，帮助青年切实地解决内心的困惑，使青年学生能够感受到来自教师的真

心关爱,从而自觉地将这种责任感传承下去,并在自身的行动中体现出来。另一方面,要在教学改革方面快速行动起来,有效提升青年社会责任感培养的实效性。学校在进行青年社会责任感培养的过程中,必须要遵循青年身心发展的客观规律和基本特点,促进传统教育模式向现代化教育的转变,从而提高青年社会责任感培养的吸引力,用社会责任的相关知识充实教学内容,并从深度和广度上加深青年对社会责任相关知识的认知。

(二)发挥社会教育的能动性,提升青年履行社会责任的行为能力

从社会教育的角度出发,联合社会各个组织的力量,努力搭建青年社会责任感培养的社会实践平台,拓展青年参加社会责任活动的场所和渠道。例如上海共青团通过积极打造青年社会组织"朋友圈"的探索和创新为我们提供了有益的启示,如在静安区,青年社会组织逐渐成为辖区引以为豪的"城市名片"。静安团区委书记沈虹说,我们的目标是:通过青年社会组织,联系服务到传统共青团网络往往联系不到、覆盖不到的青年群体,不断夯实党的青年群众基础。通过青年社会组织,发挥更多青年人的创造力,引领更多青年人关注国家发展,参与社会建设。上海共青团通过对青年社会组织的重视和支持,不但为青年搭起同心圆架构,而且为青年参与社会建设、公共服务搭建了畅通有效的平台,进而促进了青年参加社会责任活动的积极性。一方面,从政府的角度讲,首先要加快制度建设,通过制度的强制性约束来促进青年社会责任践行能力的提升。邓小平曾经指出,"制度好可以使坏人无法任意横行,制度不好可以使好人无法做好事,甚至会走向反面。"① 通过制度的建设,

---

① 《邓小平文选》第二卷,北京:人民出版社1994年版,第333页。

使制度的约束力在青年履行自身责任方面发挥作用。因此，必须要快速地建立起社会的信用体系。一个社会的健康运行需要社会成员的诚实守信作为基石，健康有序的社会中诚实守信是每一个社会成员所具备的良好品质，因此必须要健全一系列的法律法规，确保权责明确，使青年自觉履行社会责任感的权利和义务。权责明确，青年群体便会根据全社会所公认的行为方式行动，自觉地去承担相应的社会责任。同时，政府要大力给予政策等方面的支持，加大资金投入，确保社会责任活动的顺利开展。另一方面，从广泛的社会领域来说，社会的多种组织和系统也必须要参与到青年社会责任感培养的过程中来，积极地践行自身对于社会的责任和义务，为青年的实践锻炼提供合适的岗位和机会，使青年在真实的社会环境中得到洗礼。非政府组织必须要予以青年的社会实践活动高度的配合和支持，让青年群体尽可能地接触社会，深入了解真实的社会情况，进一步感悟社会责任的本质和特点，从而对于自身的社会责任感提出更高的要求。可以充分利用社区平台开展青年社会责任感培养，例如社区可以组织青年开展帮扶空巢老人、留守儿童的活动，在这些具体的志愿活动中，感受到自身被社会的需要，感受社会温情，从而提升青年对于家庭、他人以及社会的责任感。

（三）以家庭教育为重点，增进青年对社会责任的情感体验

在中华民族传统的思维理念中，家庭责任是一切责任的开端，作为一个具有责任心的人首先要履行好家庭责任，才能在广泛的社会生活中实现自身的价值，才能够承担好相应的社会责任。因此，在开展青年社会责任培养的过程中，必须要发挥出家庭教育的重要作用，作为家长必须要严格要求自己，本身要拥有较高的社会责任和家庭责任意识，通过学习不断提升自身教育子女的能力。家庭是青年接受责任教育的第一阵地，父母更是青年社会责任感培养的"首席教师"，父母的言行举止会

对于青年社会责任感的形成产生重要的影响。如果父母的所作所为缺乏社会责任感，就无法为子女做出正确的行为示范，那么子女就无法在父母处接受良好的责任感教育。因此，家长必须要不断提高自身的社会责任意识，要用实际行动来鼓励和教育青年积极践行社会责任，使青年体会到履行社会责任时的情感过程，只有如此，父母与子女之间才能在社会责任的践行方面产生共鸣，青年才能将社会责任培养的内容内化成为自身成长的基本需求。为此，家长的教育方式要以平等交流为主，避免生硬的说教；要以鼓励为主，避免过分的溺爱或者严厉的批评。另一方面，家庭教育要重视责任情境的营造，从而挖掘青年潜在的社会责任意识。家庭生活是多彩的，家庭的情感是丰富的，因此，家庭更适合于青年社会责任培养情境的创设，家长在教育的过程中，必须要注意不能刻意地回避家庭的现实问题，要使子女面对家庭的现实情况勇敢地承担家庭责任。家长要鼓励子女利用节假日实践勤工俭学，帮助家庭分担经济压力，积极主动地承担相应的家庭责任。作为家长要转变传统的观念，带领子女尽量多地参与社会责任活动，多与子女进行沟通，关心和帮助子女在参加社会责任活动时遇到的心理、行为等障碍，及时矫正其不利倾向。

（四）注重青年的自我教育

青年对于自身责任感的认识是其拥有社会责任感的基本前提。一个不具有自我责任感的人是不可能具有社会责任感的。同样地，自我教育也是青年社会责任感培养的核心。正如苏霍姆林斯基所指出的："只有能够激发学生去进行自我教育的教育，才是真正的教育。"[1] 青年需要认识到自身作为社会一分子所必须要承担的社会责任，也只有如此青年才

---

[1] 〔苏联〕苏霍姆林斯基：《少年的教育和自我教育》，姜励群译，北京：北京出版社1984年版，第100页。

能够在履行社会责任方面养成良好的习惯,形成坚定的责任信念。因此必须要加强对于青年的心理健康教育,发挥人文关怀的优势,促进青年在自我意识方面的不断完善。"自我意识的重要心理功能之一就是决定个体行为的持续性与目标性。"① 心理健康引导有利于青年客观地认识自我,正确地体验自我和有效地调节自我。所以,要重视对青年心理健康的引导,如:开设心理健康教育课,对青年进行心理健康知识的传授;广泛开展心理咨询服务,对青年进行心理引导;加强青年思想政治工作,对青年进行心理疏导等。另一方面,采用多种自我教育方法,培养青年承担社会责任的意志力。一个具有完善的自我意识的人才能够进行有效的自我教育。进行自我教育的方法有很多种,其中最常见的就是学思并重、省察克治、慎独自律、积善成德这四种方法。其中,"学思并重"是指"通过虚心学习,积极思索,辨别善恶,学善戒恶,以涵养良好的德行。"② 青年要通过网络平台、电视、报纸以及微信等渠道,积极主动地去关注和关心社会时事,深入思考社会现象,虚心地向那些在社会责任践行方面做出良好表率的先进人物学习,让"做一个有社会责任感的人"成为自己的人生追求。"省察克治"是指"通过反省检验以发现和找出自己思想与行为中的不良倾向、不良念头,并加以及时抑制和克服。"③ 青年要运用自身的自我意识进行有效的自我调节,加强自我教育与控制,通过内在自省对于自身的思想和行为进行例行的控制和引导,不断矫正自己的言行举止,使自身更加符合现代社会对于现代社会国家公民的要求。"慎独自律"是指"在无人知晓、没有外在监督的情

---

① 任自然、左雅:《心理健康教育在大学生自我管理自我教育中的作用》,载《理论月刊》,2010年第10期,第185页。

② 本书编写组:《思想道德修养与法律基础》,北京:高等教育出版社2010年,第117页。

③ 本书编写组:《思想道德修养与法律基础》,北京:高等教育出版社2010年,第117页。

况下，坚守自己的道德信念，自觉按道德要求行事，不因为无人监督而恣意妄为。"① 青年应当有意识地在没有外在监督的情况下更加严格地要求自己，自觉地遵守道德和法律规范，并依此来进行自我约束，通过自我意识有效地克制自己，做出负责任的行为。"积善成德"是指"通过积累善行和美德，使之巩固强化，以逐渐凝结成优良的品德。"② 在青年自我意识逐渐形成和巩固的前提下，充分运用"学思并重""省察克治""慎独自律"以及"积善成德"等多种青年自我教育的办法，促使青年在学习中进步，在反思中提高，在自我约束中加强对于社会责任感的情感体验。

（五）加强制度建设对青年社会责任感培养的保障作用

培养新时代中国青年的社会责任感，仅依靠道德自律难以实现效果最大化，因此，需要以健全的制度保障体系，以完善的体系机制和具体的细则，对新时代中国青年社会责任感教育加以规范和指引。新时代中国青年社会责任感培养要充分地在国家顶层制度设计中得到体现，需在国家青年中长期发展规划中将青年社会责任感培养任务进行充分详细说明。由于青年社会责任感培养的最终目标是要促进青年更好地融入社会，担当责任，因此要将青年社会责任感培养与社会建设各项制度结合起来，全面融入社会道德、文化、生态、基层治理、农村发展等多个方面。例如，在公民道德建设方面，需具体明确新时代中国青年社会责任感培养与公民道德建设的关系，明确青年在公民道德建设方面的具体责任。其中，在青年社会责任教育方面，需建立学校、企业、公益组织、

---

① 本书编写组：《思想道德修养与法律基础》，北京：高等教育出版社2010年，第117页。

② 本书编写组：《思想道德修养与法律基础》，北京：高等教育出版社2010年，第117页。

社会团体等协同教育机制,建立多元主体参与、内容体系完整、主题立意鲜明、沟通协调畅通的教育合作机制,提升新时代中国青年社会责任感培养的实效性。此外,需加强微观制度设计,对包括高校、单位等在内的青年社会责任感培养主体,其各自的教育责任和义务明确到单位章程之中,在教学制度、团学制度、社会实践制度、思想政治工作制度等方面形成科学谨慎的逻辑思路,为青年社会责任感培养提供坚实的制度保障。

七、营造青年社会责任感培养的社会风尚

环境的影响在很大程度上体现为社会风尚的优良。中国有句古训:"美教化,移风俗",意思是用美好的道德进行教化,可以改变不好的风气,树立良好的风尚。我国古代哲人早就意识到端正社会风尚的重要性,他们用"蓬生麻中,不扶自直"这句话生动概括社会风尚对社会成员思想品德的熏染作用。社会风尚,是一定时期中社会上普遍流行的风气和习惯,社会风尚与青年社会责任感的培养是一个相互联系、彼此制约的关系。积极健康向上的社会风尚对青年社会责任感的形成和发展具有重要的感化和促进作用。因此,提升青年社会责任感还要营造青年社会责任感培养的社会风尚,营造和谐的培养环境,提升培养的文化力。

(一) 大力弘扬雷锋精神

雷锋是实践社会主义、共产主义思想道德的楷模。20世纪60年代以来,各级共青团、少先队组织坚持把学雷锋作为青少年思想道德教育的重要载体,持续开展了"学雷锋活动月""学雷锋、树新风""学雷锋精神,做四有青年"等主题教育实践活动。90年代,共青团组织推出青年志愿者行动,以鲜明的时代感得到广大青年的积极参与,使雷锋精

神在新的历史时期进一步发扬光大。党的十六大以来，以胡锦涛为总书记的党中央依然重视倡导雷锋精神。在 2005 年 1 月全国加强和改进大学生思想政治教育工作会议上，胡锦涛强调要在大学生中倡导一切有利于国家富强、人民幸福的思想和精神，既大力弘扬民族优良传统，又大力弘扬井冈山精神、雷锋精神等革命传统和时代精神。党的十七届六中全会提出把社会主义核心价值体系融入国民教育、精神文明建设和党的建设全过程，号召"深入开展学雷锋活动，采取措施推动学习活动常态化"①。雷锋精神是中华民族精神的重要内容，是引领文明道德风尚、促进社会发展进步的重要精神力量。弘扬雷锋精神对社会风尚的培育和青年社会责任感的培养有着重要的作用。对青年进行社会责任感培养要"把学雷锋活动与新兴社会责任活动有效结合起来，积极倡导扶贫帮困、慈善捐赠、捐学助老等活动，增强学雷锋活动的时代感。"② 因此，要大力弘扬雷锋热爱党、热爱祖国、热爱社会主义的崇高理想和坚定信念，引导青年坚持远大理想；大力弘扬雷锋艰苦奋斗、勤俭节约的创业精神，引导青年坚持艰苦奋斗；大力弘扬雷锋锐意进取、自强不息的创新精神，引导青年坚持开拓创新；大力弘扬雷锋服务人民、助人为乐的奉献精神，引导青年坚持高尚品行。此外，还要坚持推动学雷锋活动常态化，让广大青年通过系统了解雷锋事迹，感受雷锋的高尚品格、崇高境界和精神魅力，使雷锋精神真正"入脑、入心、入行动"。

（二）创造良好的社会舆论氛围

青年社会责任感的形成和发展在很大程度上依赖社会舆论的力量。

---

① 《中共中央关于深化文化体制改革 推动社会主义文化大发展大繁荣若干重大问题的决定》，载《人民日报》，2011 年 10 月 26 日，第 1 版。

② 韩振峰：《推动学雷锋活动常态化是时代的呼唤》，载《光明日报》，2012 年 5 月 12 日，第 11 版。

舆论，即公众的议论。青年社会责任感培养领域的舆论评价，是人们根据社会的思想和道德建设的指标，对青年社会责任感品质、社会责任行为等所做的态度上的评价和判断。社会舆论对社会正气的宣扬起着重要的作用，在全社会形成积极健康的舆论氛围，通过各种舆论机构和舆论工具对青年的价值观念进行有效的引导，使青年在正确价值观念的引领下树立高度的社会责任感念，提高社会责任的评价和行为选择能力，对青年社会责任感的培养是极为重要的。现实生活中的社会舆论从性质上看，可以分为积极的、进步的舆论和消极的、落后的舆论。因此，要积极利用社会舆论宣扬社会正气，一定要充分发挥舆论的导向功能，开展多种形式的正面导向。宣传、理论、新闻、文艺、出版等社会媒体方面都要坚持弘扬主旋律，宣扬社会正气，褒扬和崇尚符合社会要求的言行，反对批判那些与社会要求的社会责任感相违背的言行，抵制各种腐朽思想和消极、错误的舆论思想。精心策划社会责任活动的主题、内容，用健康的社会风气熏陶青年，积极引导青年自觉加强社会责任感修养，趋善避恶，择善而从。努力为青年社会责任活动创造条件，陶冶青年的社会责任情操。继而在全社会创造一种弘扬善良、宣扬社会正气、抑制邪恶的舆论氛围，促进青年社会责任感向着正确的方向发展。

（三）建设健康向上的网络文化

网络上丰富的共享信息及多彩的信息方式为青年社会责任感培养提高了丰富的教育资源，网络的开放性、交互性、及时性等特点又有助于迅速了解青年的思想和问题，同时，网络上交流的平等性还有效地缩短了人们的心理距离，有助于强化青年社会责任感培养的吸引力和凝聚力。然而从另一角度来说，由于部分青年缺乏足够的辨别力，容易受网上垃圾信息、不良信息的影响，部分青年群体的道德法律意识淡薄，容易产生网络不文明、不道德的行为甚至是网络违法行为。为此，我们不仅要帮助青年提高辨别网络信息的能力，增强网上自律意识，树立正确的网络观和社会责任感，同时，还要积极发展健康向上的网络文化，各类互联网站都要牢牢把握正确导向，唱响网络主文化、引导亚文化、打击反文化，积极传播先进的文化，倡导文明健康的网络文化。开设青年社会责任感培养的专属网络平台，营造浓厚的网络媒体舆论氛围。

八、传承中华优秀文化与借鉴国外有益经验

传承中华优秀文化的精髓与借鉴国外有益经验是新时代中国青年社会责任感培养的重要条件。青年社会责任感培养不只是一个时代话题，博大精深、源远流长的中华传统美德也是青年社会责任感培养的基础和内核，青年社会责任感培养还是一个全球性的问题。与国外进行关于青年教育领域的对话和交流，超越自身的局限性并借鉴其他国家的有益经验和启示，成为新时代中国青年社会责任感培养的新鲜血液，并为青年社会责任感培养提供了新的途径和方法。

（一）传承中华优秀传统文化

在青年社会责任感培养过程中，一方面，根植于中华传统美德，注重吸收我中华民族优良道德传统的精髓。"在中华民族五千年文明的历史长河中，积淀了许多中华民族优良的道德传统，其内涵丰富，博大精深，这是我们祖先给我们留下的宝贵的精神遗产。"[1] 中华传统美德是中华民族五千多年来的优秀道德遗产和文化精髓，是中华民族优秀品质、优良民族精神、崇高民族气节、高尚民族情感、良好民族礼仪的总和，具有生生不息、历久弥新的品质；是中华民族立于世界民族之林的文化

---

[1] 王永明、张一澍、夏忠臣：《试述大学生社会责任感养成教育的价值诉求》，载《黑龙江高教研究》，2013年第1期，第152页。

根基。中华传统美德的内涵主要包括：其一，注重整体利益、民族和国家利益，强调对社会、民族和国家的社会责任意识与奉献精神。中华民族自古崇尚"富贵不能淫、贫贱不能移、威武不能屈""天下兴亡、匹夫有责""杀身以成仁"的民族气节。历史上涌现出无数仁人志士爱国奉公的事迹，如岳飞的"精忠报国"、魏源的"师夷长技以制夷"、孙中山的"驱除鞑虏，恢复中华"、鲁迅的"我以我血荐轩辕"等为代表的爱国主义思想。其二，倡导"仁爱"的人道主义精神，追求人际关系和谐。以孔孟为代表的儒家思想对中国文化影响深远。孔子提倡"仁者爱人"，孟子提倡"君轻民重"，要求所有人都要用"仁爱"之心去尊重人、理解人、关心人、爱护人、帮助人，这是中华传统美德中最具人民性的道德遗产。其三，主张社会道德教化，促进人格完善。儒家十分强调社会道德教化，认为天下要太平、社会要清明，就要有完善的人格。人格完善是社会责任感培养的根本途径。基于此，儒家提出了"修身、齐家、治国、平天下"的主张，把修身作为齐家、治国的前提。其四，强调个人道德的修行，倡导言行一致。道德的形成，不仅要求人们掌握足够的道德知识，更重要的是要在实践中不断提高、充实、完善自身，强调"知行一致"，一以贯之。"知"的目的，在于应用，如果束之高阁，则毫无意义。《礼记》强调，博学是基础，笃行是目的。荀子认为，取得正确的认识，用它指导实践，人们就可以不犯或少犯错误。王夫之认为，知与行，既有区别又有联系，二者相互作用，相互补充。

中华传统道德是一种以整体精神和责任意识占主导的道德观。在当今，中华传统美德是不可被割裂的，尤其是优良道德传统对青年社会责任感的影响是不可忽视的。我们必须面向现代化，正确对待和弘扬中华民族优良道德传统，充分认识到中华传统美德的历史意义和现实价值，认真挖掘和提炼道德传统中有助于促进青年社会责任感培养的思想内容，积极汲取传统文化中的人文精神。并进行深入系统的研究阐发，用现代性的话语进行表达,并践行中华传统道德。在继承和发扬优良中华传统美德过程中,铸造出中华传统美德的新辉煌,巩固青年社会责任感培养的道德根基。如由北京市共青团在2013年11月30日、12月1日发起的第十五期新青年城市体验营——文化艺术行活动,在国家大剧院、中国电影博物馆、首都博物馆、梅兰芳纪念馆、北京画院等15家在京大型文化艺术机构同时开展,活动吸引了近万名青年报名参加,让青年们近距离感受了北京博大精深的文化底蕴、源远流长的人文历史、海纳百川的包容精神,在提升广大青年文化素养和艺术鉴赏水平的同时,也提升青年对传统文化的认识和了解。当然,对中华传统美德的继承,并不是因循守旧、故步自封,而是用新的思想、新的精神丰富青年社会责任感培养的内容体系,坚持推陈出新,把中华传统美德与时代精神进行结合,赋予道德传统时代气息,不断创造符合当代精神和时代潮流的青年社会责任感面貌。

(二) 积极借鉴国外有益的经验和启示

古人云:"他山之石,可以攻玉。"国外关于青年社会责任感的培养比我国起步早,在理论、方法、实践等方面相对比较完善,我们应该具备世界眼光,增强青年社会责任感培养的国际视野,加强国际间的交流与合作,注重借鉴国外青年社会责任感培养的有益的经验和启示。例如在美国,社会责任感是社会发展的重要驱动力,政府、企业、大量的非营利性组织都为青年参与社会责任事业提供了重要的平台,为青年参与社会责任事业支撑起有效保障的体系。美国政府历来高度重视社会责任活动的开展,前总统奥巴马希望通过强化美国人对社会责任感的基本信念,帮助美国克服经济困难,政府还以立法形式,为青年社会责任活动提供强大的法律保障。美国的企业为青年参与社会责任事业提供强有力的资金支持,并把青年的社会责任活动事迹作为考核员工的重要指标。

美国的其他营利性组织则为青年参与活动提供了有效的途径和多样化的渠道，对提升青年社会责任活动的积极性产生了重要的作用。英国通过提倡和支持青年参加社会活动来培养青年社会责任感。英国工党提出："19岁以下的未成年人需要做50小时的志愿工作者，社区服务是英国未成年人成长过程中的一个常规部分。"又如日本在青年社会责任感培养过程中重视对青年的社会性指导，即通过对青年的社会性指导，使青年明确在社会生活中应有的表现，培养青年作为社会成员所应具备的社会性资质，其主要内容包括指导青年同他人合作以及协调各方面的关系；培养青年的社会习惯及礼仪行为；培养青年自制行为及规范的服务行为，培养青年树立社会担当的责任意识等。

　　国外青年社会责任感培养的理论和实践为新时代中国青年社会责任感培养提供了重要的经验和启示，我们应当开阔国际视野，积极吸收和转化国外青年社会责任感培养的有益经验和成分，并为我所用，促进新时代中国青年社会责任感培养与国际接轨，携手世界各国共同增强青年社会责任感培养的力度。同时，在借鉴国外经验和启示的过程中，也要注意西方文化中的糟粕成分，如：个人享乐主义、功利主义、拜金主义、新自由主义思潮等对我国青年思想和价值观的冲击和影响，坚持扬长避短、趋利避害、择善而从的原则，真正转化和借鉴国外的经验启示。

结论　实现"中国梦"——青年的时代担当

百年青春心向党，矢志建功新时代。"中国梦"已唱响新时代发展的最强音，今天，我们比历史上任何时期都更接近、更有信心和能力实现中国梦。正如习近平总书记指出："一代人有一代人的长征，一代人有一代人的担当。建成社会主义现代化强国，实现中华民族伟大复兴，是一场接力跑。我们有决心为青年跑出一个好成绩，也期待现在的青年一代将来跑出更好的成绩。"① 新时代是逐梦的时代，是属于青年的一代，新时代的到来对中国青年的社会责任感提出了新的要求，同时也为青年担当社会责任提供了更优质的资源、平台和机遇，为青年建立了担当社会责任与追寻伟大中国梦之间更加具体、更加紧密的逻辑关联。2012年11月29日，中共中央总书记习近平带领新一届中央领导集体参观中国国家博物馆"复兴之路"展览时指出，"实现中华民族伟大复兴，就是中华民族近代以来最伟大的梦想！"2013年3月17日，在第十二届全国人民代表大会第一次会议的闭幕会上，习近平总书记又一次重申中

---

① 习近平：《在纪念五四运动100周年大会上的讲话》，北京：人民出版社2019年版，第18页。

国梦:"面对浩浩荡荡的时代潮流,面对人民群众过上更好生活的殷切期待,我们不能有丝毫自满,不能有丝毫懈怠,必须再接再厉、一往无前,继续把中国特色社会主义事业推向前进,继续为实现中华民族伟大复兴的中国梦而努力奋斗。"对中国梦的时代解读,指出了实现民族复兴是最美中国梦,既饱含着对近代以来中国历史的深刻洞悉,凝聚了几代中国人的共同夙愿,又彰显了全国各族人民的共同愿望和宏伟愿景,体现了中华民族和中国人民的整体利益,奏响了中国的发展强大不可逆转的时代强音,为党带领全国各族人民奋力开创未来指明了前进方向。中国梦引起了中华民族对自身光荣、责任、使命的热切关注,激发了中华儿女走向伟大复兴新的自觉。"梦想是激励人们发奋前行的精神动力。当一种梦想能够将整个民族的期盼与追求都凝聚起来的时候,这种梦想就有了共同愿景的深刻内涵,就有了动员全民族为之坚毅持守、慷慨趋赴的强大感召力。实现中华民族伟大复兴,是全体中华儿女的伟大梦想和共同愿望,也是中国近现代史的主题。"①

实现中华民族伟大复兴的"中国梦",是随着另一场梦的破碎产生的。长期以来,中华文明以其独有的特色和辉煌走在了世界文明发展的前列,为世界文明进步做出过巨大的贡献。然而,随着资本主义生产方式的兴起,随着近代工业革命脚步的加快,中国很快落伍了。故步自封的封建统治者仍然沉浸在往日辉煌所造就的梦想之中,等待着"万国来仪"。不料,等来的却是西方列强的船坚炮利,等来的却是亡国灭顶之灾。1840年爆发的中英第一次鸦片战争,不但打开了中国的国门,也打碎了"天朝之梦"。从此,中国逐步沦为半殖民地半封建社会。一系列的侵略战争接踵而至,一系列的不平等条约被迫签订,中华民族遭受的屈辱与苦难世所罕见。在这空前的危机面前,各种救国主张如走马灯般

---

① 沈壮海、佟斐:《用"中国梦"凝聚强大精神能量》,载《人民日报》,2013年1月10日,第7版。

在中国登台亮相。不同阶级、不同社会阶层、不同政治力量，都曾提出并实践过各种各样的方案，但是这些探索都无一例外地失败了。无论是"师夷长技以制夷"，还是"中体西用"，都没能提供正确的理论指导；无论是太平天国运动，还是洋务运动、戊戌维新，都没能指明前进的正确方向。1894 年，孙中山喊出"振兴中华"的口号，鲜明地向世界展示了中华儿女的伟大梦想。但受阶级和历史条件的限制，孙中山领导的辛亥革命也最终失败。中国向何处去？陷于苦闷和迷茫之中的中国人不由发出这样的呐喊。正当中国人民不断失败又重新奋起之时，十月革命一声炮响，给中国送来了马克思列宁主义。1921 年，中国共产党应运而生。中国共产党登上历史舞台，成为实现"中国梦"的核心领导力量。中国共产党自诞生之日起，就自觉肩负起实现中华民族伟大复兴的神圣使命。中国共产党团结和带领全国各族人民在民族复兴的道路上阔步前行，不断取得举世瞩目的伟大成就。在长达 28 年的反帝反封建斗争中，成功走出了一条新民主主义道路，结束了四分五裂、人民灾难深重的局面，建立了新中国，以崭新的姿态屹立在世界东方。新中国成立后，又相继实现了从新民主主义到社会主义的历史性转变，从计划经济体制到市场经济体制的历史性转变，步入了改革开放和现代化建设新时期，中国特色社会主义展现出勃勃生机。

一百年来，经过不懈的奋斗与努力，中国共产党带领着全国人民将贫穷落后的中国打造成一个乘着时代列车奔涌向前的富强国家，中华民族在东方的再次崛起使得党和人民群众对于中国梦最终实现的意志与信心更加坚定。如今，我国在政治、经济以及文化等多方面都取得了世界瞩目的骄人成绩，社会的生产力、人才实力以及科技实力都取得了重大的进步，国家的总体面貌正在发生着历史性的巨变，同时，必须清醒看到，人口多、底子薄、发展很不平衡的状况并未根本改变。中国梦的本质内涵是实现国家富强、民族复兴、人民幸福、社会和谐、生态美丽。

新时代中国所处的发展阶段，决定了全面建成小康社会是中国梦的根本要求。全国各族人民正在中国共产党的领导下，以马克思列宁主义、毛泽东思想、邓小平理论、"三个代表"重要思想、科学发展观、习近平新时代中国特色社会主义思想为指导思想，坚定不移地坚持中国特色社会主义道路、理论体系、制度，按照"五位一体"总体布局与"四个全面"战略布局，向中华民族伟大复兴的目标迈进。

"关山万里残霄梦，犹听江东战鼓声"。回首昨天，雄关漫道真如铁；审视今天，人间正道是沧桑；展望未来，长风破浪会有时。由于我国仍处于并将长期处于社会主义初级阶段的基本国情决定了实现中华民族伟大复兴是一项光荣而艰巨的事业，在前进道路上，我们还面临许多困难和挑战，需要一代又一代中华儿女共同为之努力。广大青年是实现中国梦的中坚力量。在中国革命、建设和改革事业波澜壮阔的接力进程中，一代又一代青年奉献了青春、智慧和热血。早在一百多年前，梁启超先生曾经说过："造成今日之老大中国者，则中国老朽之冤业也；制出将来之少年中国者，则中国少年之责任也。使举国之少年而果为少年也，则吾中国为未来之国，其进步未可量也；使举国之少年而亦为老大也，则吾中国为过去之国，其澌亡可翘足而待也。故今日之责任，不在他人，而全在我少年。少年智则国智，少年富则国富，少年强则国强，少年独立则国独立，少年自由则国自由。"李大钊曾大声疾呼："以青春之我，创建青春之使命，青春之民族。"十八大报告对青年提出了新的希望，指出："中国特色社会主义事业是面向未来的事业，需要一代又一代有志青年接续奋斗。全党都要关注青年、关心青年、关爱青年，倾听青年心声，鼓励青年成长，支持青年创业。广大青年要积极响应党的号召，树立正确的世界观、人生观、价值观，永远热爱我们伟大的祖国，永远热爱我们伟大的人民，永远热爱我们伟大的中华民族，在投身中国特色社会主义伟大事业中，让青春焕发出绚丽的光彩。"这也是历史和时代赋予青年一代的希望。

新时代中国青年是在中国特色社会主义事业不断推进的进程中成长起来的一代，是建设中国特色社会主义事业承前启后、继往开来的一代，新时代中国青年每个人的前途命运都与国家和民族的前途命运紧密相连。如今，新时代中国青年已经成为实现中国梦的中流砥柱，从农村田间地头的村干部到神九飞天发射中心的技术员，从汶川地震的救灾一线到奥运、上海世博会的火热现场，到处都活跃他们青春的身影，在面临党和国家号召青年到基层一线去，到艰苦环境中去，到祖国和人民最需要的地方去的时候，青年积极响应党和国家的号召。他们用实际行动诠释着对祖国的热爱，用勇气涉急流、渡险滩，用实干开新局、写新篇，用青春和智慧驱散"浮云"，坚定不移、义无反顾地沿着这条民族复兴之路为伟大梦想的实现而努力奋斗。"中国梦是民族的梦，也是每个中国人的梦"。实现中华民族伟大复兴，是几代中国人的夙愿和梦想。历史的接力棒已经交到新时代中国青年手中，这是时代赋予新时代中国青年责无旁贷的历史重任。中国梦是美丽的，让人向往，令人憧憬。然而，美丽的中国梦要从一种梦想变成光辉的现实，需要我们青年一代接过前人的接力棒继续奋斗。面对伟大的时代召唤，新时代中国青年要不负重托，不辱使命，锐意进取，奋发成才，勇敢地肩负起时代赋予的历史重任。尽管时代的主题、社会环境与战争年代有了很大的变化，但爱国主义的主题不会改变。新时代中国青年所面对的不是手拿武器的敌人，而是各种重大自然灾害、一些人为制造的骚乱或是一些西方媒体的扰乱视听，新时代中国青年应当像前辈一样，树立强烈的忧患意识和坚定的民族自信心，把爱国精神这把神奇的火炬传下去，维护和平，努力促进发展，为国家的繁荣富强尽自己的力量。在民族危亡时期，青年要挺身而出，肩负民族复兴责任，在和平时期，青年同样要有忧患意识，高举中国特色社会主义大旗，坚定不移地坚持中国特色社会主义道路不动摇。

　　实现中国梦，青年要有伟大的理想信念，要有正确的人生态度，要有超越个人利益诉求的境界，要选择一条正确的人生道路。只有这样，才能自觉地把实现中国梦作为自己的人生价值目标去追求。要做到这些，必须牢固树立正确的世界观、人生观、价值观。没有这正确的"三观"，就不可能有这样的行动自觉。只有牢固树立了正确"三观"，才能真正把握中国梦的真谛。新时代中国青年要不负重托、不辱使命，志存高远、脚踏实地，在实现中国梦的奋斗中彰显自己的人生价值，实现个人梦想与中国梦的共振。

　　"空谈误国，实干兴邦。"青年还要积极投身于中国特色社会主义事业实践中。实现中国梦，靠坐而论道、纸上谈兵的空谈是不行的。空谈只能雾里看花，误国误民、害莫大焉。实现中华民族伟大复兴，需要一种精神支持和具体行动。这种精神就是中国精神，即以爱国主义为核心的民族精神和以改革创新为核心的时代精神。这种行动就是扎扎实实地实干，中国精神只有转化为强国行动才能彰显出真正力量。在当前日益激烈的国际竞争中，在实现民族复兴的艰辛历程中，实现中国梦，说到底就是要把自己的事情做好。青年人只有脚踏实地地实干，才能把美丽的梦想变成光辉的现实。习近平指出："全国广大青少年要志存高远，增长知识，锤炼意志，让青春在时代进步中焕发出绚丽的光彩。"广大青年要牢记教诲，永远热爱我们伟大的祖国，永远热爱我们伟大的人民，永远热爱我们伟大的中华民族，刻苦学习、勇于实践，求真务实、艰苦奋斗，敢于吃苦、勇挑重担，与时俱进、开拓创新，用自己勤劳的双手收获成功、托起中国梦。

　　"无端忽作太平梦，放眼昆仑绝顶来"。一代人有一代人的长征，一代人有一代人的担当。新时代中国青年既面临着难得的建功立业的人生际遇，也面临着"天将降大任于斯人"的时代使命。当前，中国特色社会主义进入新时代，中国人民拥有前所未有的道路自信、理论自信、制度自信、文化自信，中华民族伟大复兴正展现出前所未有的光明前景。时代转轮的指针已经落在新时代中国青年人的身上，国家的命运也是青年的命运，担负起这一使命，青年人责无旁贷。

实现中国梦，青年正当时。在新的历史起点上，一切有志于实现中国梦的时代青年，都应扬帆起航、中流击水，在党的指引下把握方向、围绕大局，脚踏实地、埋头苦干，树立和践行社会责任感，关心世界和平和促进人类长久发展，关心祖国和民族的命运、维护社会稳定和实现家庭幸福美满、关心他人和爱护自己，促进社会和谐，以强烈社会责任感为实现中国梦提供正能量，真正成为社会主义事业的建设者，时代发展的推动者。在全面建成小康社会的奋斗中书写璀璨篇章，在实现中国梦的征程上勇当先锋，留下青春担当重任的脚印。

参考文献

1. 《马克思恩格斯文集》（第 1—9 卷），北京：人民出版社 2009 年版。

2. 列宁：《列宁全集》，北京：人民出版社 1988 年版。

3. 《毛泽东选集》（第 1—4 卷），北京：人民出版社 1991 年版。

4. ：《邓小平文选》（第 1—3 卷），北京：人民出版社 1993 年版。

5. 《江泽民文选》（第 1—3 卷），北京：人民出版社 2006 年版。

6. 《胡锦涛文选》（第 1—3 卷），北京：人民出版社 2016 年版。

7. 习近平：《决胜全面建成小康社会夺取新时代中国特色社会主义伟大胜利——在中国共产党第十九次全国代表大会上的报告》，北京：人民出版社 2017 年版。

8. 中共中央宣传部：《习近平新时代中国特色社会主义学习纲要》，北京：学习出版社、人民出版社 2019 年版。

9. 中共中央宣传部：《习近平新时代中国特色社会主义思想三十讲》，北京：学习出版社 2018 年版。

10. 习近平：《习近平谈治国理政》（第一卷），北京：外文出版社 2014 版。

11. 习近平：《习近平谈治国理政》（第二卷），北京：外文出版社

2017 年版。

12. 中央党校采访实录编辑室：《习近平的七年知青岁月》，北京：中共中央党校出版社 2017 年版。

13. 习近平：《在纪念五四运动 100 周年大会上的讲话》，北京：人民出版社 2019 年版。

14. 〔西汉〕董仲舒：《春秋繁露》，长沙：岳麓书社 1997 年版。

15. 〔北宋〕张载：《张载集》，北京：中华书局 1978 年版。

16. 〔南宋〕黎靖德：《朱子语类》，长沙：岳麓书社 1997 年版。

17. 冯友兰：《中国哲学史新编》，北京：人民出版社 1995 年版。

18. 费孝通：《东方赤子·大家丛书·费孝通卷》，北京：华文出版社 1999 年版。

19. 教育部课题组：《深入学习习近平关于教育的重要论述》，北京：人民出版社 2019 年版。

20. 陈先达：《文化自信：做理想信念坚定的中国人》，长春：吉林人民出版社 2017 年版。

21. 包雅玮、程雪婷：《青年大学生社会责任感培育研究》，北京：中国社会科学出版社 2017 年版。

22. 〔美〕塞缪尔·亨廷顿：《文明的冲突与世界秩序的重建》，侯井天译，北京：新华出版社 2002 年版。

23. 〔美〕德里克·博克：《走出象牙塔——现代大学的社会责任》，徐小洲等译，杭州：浙江教育出版社 2001 年版。

24. 习近平：《在北京大学师生代表会上的讲话》，载《人民日报》，2018 年 5 月 4 日，第 1 版。

25. 刘书林：《教育引导学生树立社会主义和共产主义理想信念》，载《思想理论教育》，2019 年第 4 期。

26. 王梅琳、李安增：《中华优秀传统文化传承中的青年责任》，载

《广西社会科学》，2019 年第 4 期。

27. 付霞：《新时代青年责任伦理培育构建的路径微探》，载《学校党建与思想教育》，2018 年第 23 期。

28. 蒙冰峰：《梦想引领 素养护航 青年责任伦理建构需找准方向》，载《人民论坛》，2018 年第 36 期。

29. 刘洁予：《深刻把握习近平青年社会责任观的丰富内涵》，载《中国社会科学报》，2018 年 4 月 17 日。

30. 焦佩：《略论培养担当民族复兴大任的时代新人》，载《思想理论教育导刊》，2018 年第 4 期。

31. 戴木才：《培养担当民族复兴大任的时代新人——党的十九大报告关于社会主义核心价值观的重要论述》，载《道德与文明》，2017 年第 11 期。

32. 杨晓慧：《习近平青年价值观教育思想论要》，载《马克思主义研究》，2017 年第 11 期。

33. 李士峰：《习近平关于青年发展的思维审视》，载《中国青年社会科学》，2017 年第 7 期。

34. 洪巍城、韦冬雪：《习近平责任思想论要》，载《理论导刊》，2017 年第 1 期。